博物館資料保存論

（改訂新版）博物館資料保存論（'25）

©2025　日髙真吾

装丁デザイン：牧野剛士
本文デザイン：畑中　猛

s-80

まえがき

　2009年2月に「これからの博物館の在り方に関する検討協力者会議」において示された「大学における学芸員養成課程の科目のねらいと内容について」は，その後，見直しが行われ，2024年3月25日に文化審議会第5期博物館部会で改定され，7月26日に文化庁の博物館総合サイトに正式にアップされた。これによると博物館資料保存論は，「博物館における資料保存及びその保存・展示環境及び収蔵環境（育成を含む）を科学的に捉え，資料を良好な状態で保存していくための知識を習得することを通じて，資料の保存に関する基礎的能力を養う」という改定となっている。

　博物館において，博物館資料を研究し，展示し，さらに教育活動を行う場合，博物館資料が健全で安全な状態で保存されていなければ実現することはできない。同時に，博物館は，人類の知の集積装置として，博物館資料を適切な状態で保存し，次の世代に継承する役割を担っている。こうした点から考えると，博物館資料を保存する活動は，博物館活動を支える土台であるといえる。

　それでは，博物館資料を保存するということは具体的にどういうことなのだろうか。それは，「時間の経過に伴う劣化から資料を保存する」ということと，「劇的な環境の変化に伴う劣化から資料を保存する」ということである。「時間の経過に伴う劣化」とは，例えば，温度湿度の変化や，紫外線や赤外線をはじめとする光エネルギーに晒されることによって，博物館資料が少しずつ劣化していく，いわゆる経年劣化のことである。また，「劇的な環境の変化に伴う劣化」とは，例えば，自然災害や，カビや害虫による生物被害が，博物館資料の汚損や破損等の劣化

を一気に加速させることである。さらに，ここに紛争などの要因が加わった場合は，略奪や破壊といった取り返しのつかない事態が生じることとなる。いずれにせよ，これらの博物館資料の劣化要因は，博物館資料を保存する上での危機要素＝リスクとなる。そして，こうしたリスクをいかに回避していくのかについて考え，対策を講じていくことが博物館資料の保存活動ということになる。

　次に博物館資料を保存する活動に必要な知識について考えてみたい。博物館資料を保存するために必要な知識とは，博物館資料に内在している歴史的，美術的な背景や価値を理解できる知識である。次に，博物館資料が保存されている環境を把握し，環境改善の対策を講じるための知識や博物館資料を構成している材質やその特性を理解できる知識，博物館資料が適切な形状を維持するための保存修復の知識が必要となる。また，いつ発生するか予測が困難な自然災害による被害への対応等に関する知識が重要となる。さらには，博物館資料の持っている価値や意義について，さまざまな人びとに知ってもらうために行う展示等，活用の場での，博物館資料の保存に関する知識が求められる。

　本書は，ここに挙げた博物館資料を保存するために必要な知識として，前述の改訂版「大学における学芸員養成課程の科目のねらいと内容について」で示された「内容」を基に，「博物館における資料保存の意義」，「資料の保全（育成を含む）」，「博物館資料の保存環境」，「地域社会における資料保存」の４つの視点から構成した。

　まず１つ目の視点となる「博物館における資料保存の意義」ついては，日髙が「第１章　博物館資料保存論について」，「第２章　日本における文化財保護の展開」で担当した。

　２つ目の視点となる「資料の保全（育成を含む）」のうち，資料の状態調査・現状把握は，日髙が「第７章　博物館資料の科学調査」で担当

し，資料の修復・修理は，岡泰央氏が「第8章　文化財の保存修復」，「第9章　文化財の保存修復で使用される材料」で担当した。さらに，資料の梱包と輸送は，日髙が「第11章　被災した文化財の再生」で言及した。

　3つ目の視点の「博物館資料の保存環境」のうち，資料保存の諸条件とその影響（温湿度，光，振動，大気等）と生物被害とIPM（総合的有害生物管理）は，間渕創氏が「第3章　博物館資料の保存環境」，「第4章　博物館のIPM：総合的有害生物管理」で担当し，災害の防止と対策は，小谷竜介氏と日髙がそれぞれ「第10章　大規模災害と博物館」，「第11章　被災した文化財の再生」，「第12章　博物館の防災」で担当した。次に伝統的保存方法については，日髙が「第2章　日本における文化財保護の展開」で言及した。また，収蔵，展示等の保存環境は，和田浩氏が「第5章　博物館資料の収蔵方法」，「第14章　展示場における博物館資料の保存」で担当するとともに，日髙が「第6章　学校施設を利用した収蔵庫」で担当した。そして，デジタル化と資料情報の保存は，間渕創氏が「第15章　博物館資料の保存と活用」で言及した。

　4つ目の視点となる「地域社会における資料保存」のうち，地域資源の保存と活用（エコミュージアム等）と文化財の保存と活用（景観，歴史的環境を含む）は，間渕創氏が「第15章　博物館資料の保存と活用」で担当するとともに，日髙が「第11章　被災した文化財の再生」で言及した。また，自然環境の保護（生物多様性・種の保存を含む）は，和田浩氏が「第13章　環境保全と博物館の社会的役割」で担当した。

　この構成から分かるように，博物館資料を保存するためには，人文科学と自然科学の知識をもとに博物館資料の保存を考えることが必要であることがわかる。また，博物館資料の保存では，博物館資料を適切に保存し，活用した上で，次の世代に継承していく流れを意識することが重

要であることが見えてくる。

　一方で，ここで示した博物館資料の保存活動を一人で行うことは不可能である。博物館資料の保存活動は，博物館を挙げて取り組まなければその目的を達成することはできない。また，多岐にわたる博物館資料の保存活動においては，それぞれの活動について専門的な知識を持った研究者のネットワークが構築されている。博物館資料の保存活動でなにか迷うことがあれば，一人で悩まずに，そうしたネットワークを利用して助言を受けながら，それぞれの博物館の状況に応じた博物館資料の保存活動を実践してもらいたい。

　最後に印刷教材では三代和彦氏に，放送教材では榎波由佳子プロデューサー，原俊道ディレクター，久保晴彦ディレクターに格別のご尽力をいただいた。適切にご助言いただき，私たちを導いていただいたこと，深く御礼を申し上げる。また，印刷教材，放送教材の制作において多くの機関，多くの方々にお世話になったこと，心より感謝申し上げる。

2024年11月
日髙真吾

目次

まえがき　日髙真吾　3

1　博物館資料保存論について　│　日髙真吾　12

1．博物館資料保存論が設置されるに至った背景　12
2．本書における博物館資料保存論の対象となる博物館資料
18
3．博物館資料保存論で学ぶ内容について　20

2　日本における文化財保護の展開
│　日髙真吾　25

1．明治以前に行われていた文化財の保護活動　25
2．文化財保護法に至るまでのわが国の文化財保護制度の展開
27
3．文化財保護法の展開　33

3　博物館資料の保存環境　│　間渕　創　36

1．資料保存の歴史と変遷　36
2．日常的な環境管理　39
3．まとめ　51

4 | 博物館のIPM：総合的有害生物管理

間渕　創　53

1．資料の生物被害　53
2．文化財害虫についての基礎知識　54
3．カビについての基礎知識　61
4．博物館における文化財IPM　66
5．まとめ　72

5 | 博物館資料の収蔵方法

和田　浩　74

1．収蔵環境の重要性　74
2．収蔵庫の構造と環境　75
3．資料の保管と配架　86
4．これからの収蔵庫に関する事例　88
5．まとめ　90

6 | 学校施設を利用した収蔵庫

日髙真吾　91

1．学校施設を収蔵庫として使用する際の留意事項　91
2．新潟県村上市の旧茎太小学校収蔵庫の事例　92
3．宮城県気仙沼市の旧月立中学校の事例　95
4．まとめ　101

7 | 博物館資料の科学調査

日髙真吾　103

1．博物館資料への科学調査の事始め　103
2．博物館の保存環境を整えるための科学調査　105
3．博物館資料の構造や材質を観察するための科学調査

109

4．博物館で科学調査を行う際の留意点　112

8 | 文化財の保存修復　　岡　岩太郎　114

1．はじめに　114
2．装潢文化財修復の目的と原則　116
3．装潢文化財に発生する損傷　119
4．装潢文化財の構造　122
5．装潢文化財の修復工程　126
6．おわりに　133

9 | 文化財の保存修復で使用される材料　　岡　岩太郎　134

1．はじめに　134
2．構造補強に必要な和紙　135
3．保存修復に必要な材料の危機　138
4．文化財を彩る表装裂地　139
5．表具の役割　140
6．書画を彩る裂地　143
7．裂地の取り合わせ　146
8．修復材料としての接着剤　148
9．おわりに　149

10 | 大規模自然災害と博物館　　小谷竜介　151

1．博物館の被災　151
2．東日本大震災における博物館の被災　153
3．石巻文化センター　155
4．新博物館の取り組み　162
5．博物館の復興　165

11 | 被災した文化財の再生　　｜ 日髙真吾　169

1．文化財レスキュー事業の活動　169
2．文化財レスキュー事業後の活動　176
3．被災した文化財を再生する際の留意点　180

12 | 博物館の防災　　｜ 小谷竜介　181

1．博物館のリスク　181
2．防災設備　184
3．発災時の対応　190
4．災害に備える　196

13 | 環境保全と博物館の社会的役割
　　　　　　　　　　　　　　　｜ 和田　浩　199

1．博物館とエネルギー問題　199
2．今後の展開　206
3．まとめ　211

14 | 展示場における博物館資料の保存
　　　　　　　　　　　　　　　｜ 和田　浩　213

1．展示ケース　213
2．展示室全体　221
3．日々のメンテナンス　228
4．まとめ　230

15 | 博物館資料の保存と活用　　| 間渕　創　232

- 1．はじめに　232
- 2．適切な保存環境における博物館資料の活用　233
- 3．日本における文化財や博物館資料の保存と活用に関する法律と近年の改正　236
- 4．文化財の新しい活用の模索—文化財活用センターの取り組み　240
- 5．まとめ　247

索引　249

1 | 博物館資料保存論について

日髙真吾

《目標＆ポイント》 博物館資料保存論は，大学等における学芸員養成課程における養成科目の改善・充実を図るために設置された博物館に関する科目の１つである。本科目の設置は，2009（平成21）年４月30日に公布され，2012（平成24）年４月１日から施行された「博物館法施行規則の一部を改正する省令」と「社会教育主事講習等規程の一部を改正する省令」によっている。それでは，博物館資料保存論では何を学ぶのか。本章では，これから博物館資料保存論を学ぶに当たっての本科目の目的と本書の構成についてまとめていく。

《キーワード》 博物館資料保存論，博物館法，博物館，学芸員，学芸員資格

1．博物館資料保存論が設置されるに至った背景

　博物館資料保存論は，2009（平成21）年４月30日に公布され，2012（平成24）年４月１日から施行された「博物館法施行規則の一部を改正する省令」と「社会教育主事講習等規程の一部を改正する省令」によっている。この中で，「博物館法施行規則の一部を改正する省令」を見ると，「学芸員養成の充実方策について（第２次報告書）」（平成21年２月これからの博物館の在り方に関する検討協力者会議）等の提言内容を踏まえたとされている。そして，人々の知的関心に応える「地域文化の中核的拠点」としての博物館を支える学芸員が，人々の生涯学習の支援を含め，博物館に期待されている諸機能を強化し，国際的にも遜色のない高い専門性と実践力を備えた質の高い人材として育成されることを目的

として，「生涯学習概論」「博物館概論」「博物館経営論」「博物館資料論」「博物館資料保存論」「博物館展示論」「博物館教育論」「博物館情報・メディア論」「博物館実習」の9科目を設置したとある。なお，ここで示された「学芸員養成の充実方策について（第2次報告書）」（以下，第2次報告書）を読み進めると，第2次報告書は，2006（平成18）年9月に発足した，「これからの博物館の在り方に関する検討協力者会議」が取りまとめたもので，第2次報告書の前に，2007（平成19）年6月に「新しい時代の博物館制度の在り方について」として第1次報告書が提出されている。そこで，「これからの博物館の在り方に関する検討協力者会議」が提言した第1次報告書と第2次報告書を掘り下げて概観する。

　まず，「これからの博物館の在り方に関する検討協力者会議」は，博物館の現状や課題を把握・分析し，生涯学習社会における博物館の在り方について調査・検討を行うことを目的に設置された会議である。この会議で行われる調査研究の事項は，（1）博物館法の博物館について，（2）博物館登録制度の在り方等，博物館評価について，（3）学芸員資格制度の在り方について，（4）その他，とあり，この中で，博物館資料保存論は，「（3）学芸員資格制度の在り方について」で議論されていたことが分かる。この第1次報告書の成果としては，政府において第169回国会に博物館法の一部改正案を含む「社会教育法等の一部を改正する法律案」が提出され，2007（平成19）年6月11日に公布・施行されることとなった。しかし，上記調査研究事項のうち，（2）博物館登録制度と（3）学芸員資格制度の見直しは盛り込まれず，中長期的な検討課題とされた。なお，第1次報告書では，「今後，早急に検討する必要がある事項」の1つとして学芸員養成科目の見直しを掲げており，その結果として，博物館法施行規則等の改正を視野に入れつつ，2007（平成19）年8月に「学芸員の養成に関するワーキンググループ」を発足させ

た。そして，学芸員の養成課程の充実および博物館実習の見直し等について，幅広く関係者からの意見を聞きつつ，専門的な検討を行った。さらに，2008（平成20）年11月には「学芸員資格認定の見直しに関するワーキンググループ」を発足させ，試験認定および無試験認定の在り方についての検討が行われ，取りまとめられたのが第2次報告書である。その成果として，2012（平成24）年4月1日から施行されることとなった「博物館法施行規則の一部を改正する省令」で博物館資料保存論が明記された。

　なお，ここまで述べてきた博物館資料保存論は，2012年に突然設置されたものではない。当然，この科目が設置されるに至った経緯がある。そこで，次に，博物館資料保存論が設置されるまでの経緯を見ていく。

　大学において修得すべき「博物館に関する科目」は，1952（昭和27）年に公布・施行された博物館法施行規則（昭和27年文部省令第11号）第1条で「人文科学学芸員又は自然科学学芸員とする資格を得ようとする者が大学において修得すべき科目の単位」が規定されたことに始まる。このときは，「博物館学」「教育原理」「社会教育概論」「視聴覚教育」「博物館実習」の5科目が設置されていた。その後，この規定は，1955（昭和30）年の博物館法改正において引き継がれ，1996（平成8）年に博物館法施行規則の改正で見直しが行われ，1997（平成9）年に施行された。このとき設置されたのが，「生涯学習概論」「博物館概論」「博物館経営論」「博物館資料論」「博物館情報論」「博物館実習」「視聴覚教育メディア論」「教育学概論」の8科目である。なお，以上の科目を履修し，単位を取得した学芸員が勤務する博物館に対しては，社会の変化に的確に対応し，生涯学習推進の拠点として教育や学習を支援する役割等をさらに充実させることが求められるようになった。具体的には，中央教育審議会が2005（平成17）年6月13日に文部科学大臣に答申した「新

しい時代を切り拓く生涯学習の振興方策について」で，学芸員は，「資料の収集，保管，展示，調査研究，教育普及活動等の多様な博物館活動の推進のために重要な役割を担っており，今後，博物館が人々の知的関心に応える地域文化の中核的拠点として，人々の生涯学習の支援を含め博物館に期待されている諸機能を強化していく観点から，学芸員及び学芸員補の資質の向上が重要であり，その養成及び研修の一層の充実が求められている」と指摘された。そして，こうした答申を受け，第1次報告書では，博物館の設置目的や設置主体・職員体制・経験年数・館種等により主軸となるものは異なることを前提として，学芸員に求められる専門性について，以下のように指摘した。

・資料及びその専門分野に必要な知識及び研究能力を有すること。
・資料に関する収集・保管・展示等の実践技術を有すること。
・資料等を介して，あるいは来館者との直接的な対話等において高いコミュニケーション能力を有し，地域課題の解決に寄与する教育活動等を展開できること。
・住民ニーズの的確な把握と住民参画の促進，これに応える事業等の企画・立案から評価，改善まで，一連の博物館活動を運営管理できる能力を備えていること。

　一方，第1次報告書では，大学における学芸員養成教育では，資格そのものの取得が比較的容易であり，現行制度の法定科目数とその内容だけでは，現代社会の変化や博物館利用者のニーズに対応できないこと，あるいは大学の養成課程が博物館の求める学芸員の育成として必ずしも機能していないこと等を指摘している。
　こうした第1次報告書の指摘をもとに，第2次報告書では，「博物館

に関する科目」の基本的な考え方が整理された。ここでは，まず学芸員の資格取得に伴う養成課程について，"博物館のよき理解者・支援者の養成の場"と位置づけるのではなく，学芸員として必要な専門的な知識・技術を身に付けるための入口として位置づけることが必要であるとされた。また，学部においては，汎用性のある基礎的な知識（＝Museum Basics）の修得を徹底する観点から，大学において修得すべき「博物館に関する科目」の内容を精選する必要があるとして，以下の「博物館に関する科目」の改善方策が提示された。

・「生涯学習概論」は，社会教育主事及び司書との共通科目として位置づけ，生涯学習及び社会教育の本質と意義を理解し，関係法令や行政組織を含め，社会教育機関としての理解を深める内容とする。

・「博物館経営論」は，博物館の形態面と活動面における適切な管理・運営について理解し，博物館経営（ミュージアム・マネージメント）に関する基礎的能力を養う内容とする。

・新たに「博物館資料保存論」を設け，博物館における資料（コレクション）の保存・展示環境及び収蔵環境を科学的に捉え，資料を良好な状態で保存していくための知識を習得することを通じて，資料の保存に関する基礎的能力を養う内容とする。（下線は筆者加筆）

・新たに「博物館展示論」を設け，展示の歴史，展示メディア，展示による教育活動（コミュニケーション），展示の諸形態等に関する理論及び方法に関する知識・技術を習得し，博物館の展示機能に関する基礎的内容を養う内容とする。

・新たに「博物館教育論」を設け，博物館における教育活動の基盤となる理論や実践に関する知識と方法を習得し，博物館の教育機能に関する基礎的能力を養う内容とする。なお，従来の「教育学概論」

の内容は，本科目及び拡充した「生涯学習概論」に含まれる。

・新たに「博物館情報・メディア論」を設け，博物館における情報の意義と活用方法及び情報発信の課題等について理解し，博物館の情報の提供と活用等に関する基礎的能力を養う内容とする。なお，従来の「博物館情報論」及び「視聴覚教育メディア論」の内容は，本科目及び新設する「博物館展示論」や「博物館教育論」等に含まれる。

・博物館実習は，1996（平成8）年の生涯学習審議会社会教育分科審議会報告において「博物館実習に関する適切なガイドラインを設定し，活用することを期待したい」と提言されながら未だ策定されておらず，また，第1次報告書においても「大学や博物館により博物館実習の取扱いに差があり，現状では理論と実践が結びついた教育内容として一定の水準を確保することが困難であるとの指摘もある」と指摘されていることを踏まえ，別途，国において大学及び博物館双方の指針となるガイドラインを策定し，その質的な充実を図ることを求めたい。また，博物館実習の実効性をより一層高めるためには，各大学と博物館が連携しインターンシップの充実を図ることも重要である。なお，博物館実習は，「学内実習」及び「館園実習」を実施することとし，「館園実習」は，上記の「博物館に関する科目」及び基礎となる専門の研究分野を学んだ上で，学芸員養成課程の最終段階で実施することを基本とするべきである。

・総単位数は，現行の12単位以上から19単位以上に7単位増やす。

　そして，最後に，各大学においては，これに基づき，学芸員養成のための適切なカリキュラムを編成するとともに，学芸員の専門性を高めるための所要の科目の開設と，その内容を充実することにより，専門分野についての必要な知識・技術を備えた学芸員を養成することを期待した

いと結ばれている。

　以上，大学において修得すべき「博物館に関する科目」の変遷について，「これからの博物館の在り方に関する検討協力者会議」の第１次報告書，第２次報告書から概観してきた。ここからは，博物館資料保存論は，従来の学芸員養成課程の"博物館のよき理解者・支援者の養成の場"という視点を見直し，学芸員として必要な専門的な知識・技術を身に付けるための入口として位置づけるために新設された科目となる。また，博物館資料保存論を含む大学において修得すべき「博物館に関する科目」の新設は，博物館に求められる基本的な機能となる「資料の収集，保管，展示，調査研究，教育普及活動等」を実践するための基礎的知識として位置づけられている。

　なお，博物館資料保存論を含め，「学芸員養成課程の科目のねらいと内容」については，2024（令和６）年３月25日に文化審議会第５期博物館部会で改定され，７月26日に文化庁の博物館総合サイトに正式にアップされた。このなかで，博物館館資料保存論については，「博物館における資料保存及びその保存・展示環境及び収蔵環境（育成を含む）を科学的に捉え，資料を良好な状態で保存していくための知識を習得することを通じて，資料の保存に関する基礎的能力を養う」となっている。

２．本書における博物館資料保存論の対象となる博物館資料

　博物館資料保存論は，その科目名に明記されているように，博物館資料の保存について基礎的な知識を身に付けることを目的としている。したがって，ここで学ぶ博物館資料とは，さまざまな博物館で所蔵されている資料となる。そこで博物館の区分について簡単に整理しておきたい。まず，博物館法で規定される博物館施設は，登録博物館，博物館相当施

設，博物館類似施設の3つに分類される。そして，これらの博物館法制度上の博物館について文化庁は，総合博物館，歴史博物館，美術博物館，科学博物館，動物園，水族館，植物園，動植物園，野外博物館に区分し，それぞれの博物館を次のように紹介している。

・**総合博物館**：地域の自然環境，歴史，人びとのくらしや美術など，地域を丸ごと理解できる博物館。
・**歴史博物館**：歴史をテーマに，古代から現代までの地域の移り変わりを紹介する博物館。郷土資料館，民俗館，文学館なども歴史博物館に含まれる。
・**美術博物館**：絵画，工芸，彫刻から漫画やアニメも含めた美術品や芸術作品を中心とする博物館。一人の芸術家の作品やアトリエを博物館にした記念館や，企業の創業者のコレクションを中心とした美術館など多様な種類がある。
・**科学博物館**：宇宙や天文，地球の環境や自然，生物から理工や物理など科学を中心とする博物館。中心とする分野によって自然史博物館や科学館，天文館やプラネタリウムなどに区別されることがある。
・**動物園**：生きた動物を中心とする博物館。
・**水族館**：生きた水生動物を中心とする博物館。
・**植物園**：生きた植物を中心とする博物館。
・**動植物園**：動物園と植物園の両方を中心とする博物館。
・**野外博物館**：歴史的建造物，伝統的建築。

　これだけ見ても博物館施設がいかに多様であり，所蔵される博物館資料がいかに多岐にわたるかを知ることができよう。そこで，本書では，動かすことのできる「モノ」としての博物館資料を対象とする。

動かすことのできる「モノ」としての博物館資料とは，上記に示した博物館の区分では，総合博物館，歴史博物館，美術博物館，科学博物館で所蔵されるものとなる。この中で歴史博物館，美術博物館で所蔵される博物館資料は，絵画，彫刻，工芸品，書跡，典籍，古文書，考古資料，歴史資料，有形民俗文化財等の人文系の博物館資料が中心となる。また，総合博物館，科学博物館では，人文系の博物館資料とともに，化石や骨格標本，植物標本や昆虫標本，剥製や鉱物標本など自然史系の博物館資料が含まれてくる。そして，これらの博物館資料は，文化財保護法で文化財として示されているものと重複しているものが多い。

　そこで本書では，これらの博物館資料をどのように適切に保存していくのかをまとめていく。なお，生きている生物そのものが博物館資料となる動物園，水族館，植物園，動植物園における保存の在り方については，動物学，植物学，あるいは水生動物学といった生物学の分野で学びを得てほしい。

3. 博物館資料保存論で学ぶ内容について

　博物館における資料保存の活動は，「予防的保存」の考え方に基づいた取り組みが世界的な主流となっている。そこで，本書で学ぶ資料保存論は，まず，予防的保存に関する基本的な事項を取り扱う。

　予防的保存とは，英語の Preventive Conservation を日本語に訳したものであり，その成立過程や背景については，『文化財保存環境学』（三浦・佐野・木川2016）に詳しく述べられている。ここでは，三浦定俊が紹介した予防的保存の成立過程やその背景についての記述をもとに，予防的保存の考え方を整理しておく。

　博物館における予防的保存の考え方は，ICCROM（文化財保存修復研究国際センター）で行われていた「博物館の防犯と環境」という研修を

「結局は予防が一番良い保存方法である」という理由から,「Preventive Conservation in Museums」に名称変更したことが初出となる。その後,博物館における予防的保存に関する研究が活発に行われ,1994年にオタワで開催されたIIC（国際文化財保存学会）では,Preventive Conservation—Practice, Theory and Research がテーマとなった。また,1996年のICOM-CC（国際博物館会議保存国際委員会）の大会では,博物館資料の保存について,照明,空調,生物劣化,輸送等について個別に議論されていた分科会が Preventive Conservation として統合された。こうした動向の中で,予防的保存が博物館における資料保存の考え方の主流となっていった。

　一方,日本では予防的保存の考え方を受け入れるための土壌となる研究がすでに行われていた。例えば,東京国立文化財研究所（現,独立行政法人国立文化財機構東京文化財研究所）の登石健三や見城敏子は,1960年代から世界に先駆けて,コンクリートから放出されるアルカリ因子が絵画材料に与える影響を指摘した。また,1970年代頃からは,建築資材の合板から放出される揮発性有機物質による金属や顔料への被害が起きるようになり,温度湿度や照明だけが保存環境の問題ではないことが周知されるようになった。さらに,修復を行った資料を悪い環境に戻せば,再び劣化が進み,また修復を行うという修復の繰り返しによって,オリジナルの博物館資料の姿や材質が失われてしまうことが反省されるようになった。このような背景から日本においても,修復優先の考え方から,環境整備を優先させる Preventive Conservation,日本語では予防的保存と訳された考え方が博物館の資料保存で重要視されていくようになったのである。

　次に,博物館資料の保存活動では,予防的保存の視点に加えて,劣化が進行した博物館資料を修復（修理）し,次世代へ継承していくための

「保存修復」について学ぶ。博物館資料は，植物素材や動物素材をはじめとする有機物や，鉄や銅，あるいは陶器や石等をはじめとする無機物の単体素材で構成されるもののほか，有機物と無機物を組み合わせた複合素材で構成されるものがある。これらの博物館資料は，保管されてきた環境，あるいは伝承されてきた長い年月の中で，素材ごとに特徴的な劣化が生じる。博物館資料の保存修復では，こうした素材ごとに生じる劣化に個別に対応するための保存修復に加えて，博物館資料全体に生じているさまざまな劣化に対して全体的なバランスを見ながら保存修復を行う必要がある。

　また，博物館資料の予防的保存，あるいは保存修復を進める際には，博物館資料の劣化の要因や状態を把握した上で，それぞれの方針を立案する必要がある。そのためには，対象となる博物館資料に対して丁寧な肉眼観察を行った上で，さらに詳細な情報を得るための科学調査が実施される。そこで本書では，博物館資料の劣化要因や劣化状態を把握するための科学調査の手法と博物館資料の保存修復技術について学ぶ。

　次に，わが国の博物館資料の保存を考える上で，災害への備えが重要視されている。災害大国ともいわれるわが国において，多発する豪雨や洪水，地震などの自然災害は博物館施設に被害を与え，数多くの博物館資料が被災している。これらの自然災害の中でも2011年の東日本大震災の大津波による博物館資料の被災はその最たる事例といえよう。このような災害に対して博物館はどのように備えるべきかについては，1995年の阪神・淡路大震災以降，「文化財防災」という視点からのアプローチがなされており，博物館資料の保存を考える上での重要なキーワードとなっている。このことは，2020年に文化財防災センターが国立文化財機構に設置されたことから，文化財，博物館資料を災害からいかに守っていくのかを国として考えていくという姿勢が示されたことにも表れてい

る。そこで本書では，文化財防災の視点に立った博物館資料の保存の在り方について学ぶ。

　以上，本章では，博物館資料保存論が設置されるに至った経緯，本書で取り扱う博物館資料保存論が対象とする博物館施設の区分と博物館資料の種類について整理した。その上で，本書で学ぶ博物館資料保存論の項目として，予防的保存，保存修復，文化財防災を取り上げることを示した。なお，ここで取り扱う項目を専門的に研究する学問領域が，保存科学である。

　保存科学については，1952年に東京国立文化財研究所に設置された保存科学部の初代所長である関野克が，東京国立文化財研究所の紀要である『保存科学第1号』（関野1964）に保存科学が取り扱う事項として2つの視点を示している。1つは，文化財の構造と材質の究明と，内的外的条件によって，生じる変化および老化の現象を分析し，文化財の保存と修理に役立たせるという視点である。そしてもう1つは，文化財とそれを巡る外的条件，すなわち環境との関係であって，光，温度湿度，水，空気汚染，文化財害虫，カビ，震動等の文化財に及ぼす影響とその防除という視点である。保存科学が扱うこれら2つの視点は現在も変わらないと言えるが，文化財とそれを巡る外的条件には，戦争や盗難，火災をはじめとする人為的被害と地震や水害などの自然災害が加わっていると考える。また，関野は，不適切な環境は文化財の老化や破損の主な原因であり，文化財の保存と修復は環境の改善を行うと同時に破損したものを科学的に修理することであり，この関係は病理学における予防と治療の立場に似ていると指摘している。このような関野の指摘は，1990年代に世界的な博物館の資料保存の軸となっていく予防的保存の考え方をすでに言い当てているものとして注目できよう。なお，関野は保存科学の対象を文化財としているが，本書では博物館資料と文化財は同義語であ

るという立場をとる。本書で，博物館資料保存論を学び，さらにこの分野の研究活動に関心を持ったならば，ぜひ，保存科学という学問領域についてさらに学びを深めていただきたい。

参考文献

これからの博物館の在り方に関する検討協力者会議「新しい時代の博物館制度の在り方について」
　https://www.mext.go.jp/b_menu/shingi/chousa/shougai/014/toushin/07061901.pdf（2023年4月10日アクセス）
これからの博物館の在り方に関する検討協力者会議「学芸員養成の充実方策について「これからの博物館の在り方に関する検討協力者会議」第2次報告書」
　https://www.mext.go.jp/component/b_menu/shingi/toushin/__icsFiles/afieldfile/2009/02/18/1246189_2_1.pdf（2023年4月10日アクセス）
関野克「文化財保存研究概説」『保存科学第1号』（東京文化財研究所　1964）
　https://www.tobunken.go.jp/ccr/pdf/1/pdf/00101.pdf（2023年4月10日アクセス）
『独立行政法人国立文化財機構文化財防災センターホームページ』
　https://ch-drm.nich.go.jp/（2023年4月10日アクセス）
文化庁「学芸員養成課程の科目のねらいと内容について」
　https://www.bunka.go.jp/seisaku/bijutsukan_hakubutsukan/shinko/about/94070201.html（2024年8月1日アクセス）
文部科学省「「これからの博物館の在り方に関する検討協力者会議」設置要綱」
　https://www.mext.go.jp/b_menu/shingi/chousa/shougai/014/youkou/1284322.htm（2023年4月10日アクセス）
文部科学省「図書館法施行規則の一部を改正する省令及び博物館法施行規則の一部を改正する省令等（平成21年4月）」
　https://www.mext.go.jp/component/a_menu/education/detail/__icsFiles/afieldfile/2009/07/03/1266312_1.pdf（2023年4月10日アクセス）
三浦定俊・佐野千絵・木川りか『文化財保存環境学（第2版）』（朝倉書店　2016）

2 │ 日本における文化財保護の展開

日髙真吾

《目標＆ポイント》　前章で述べたように，本書では，動かすことのできる「モノ」としての博物館資料を対象とする。動かすことのできる「モノ」としての博物館資料とは，博物館法第2条において，歴史，芸術，民俗，産業，自然科学等に関する資料とされている。これらをもう少し掘り下げていくと，歴史系博物館や美術館で所蔵される博物館資料として，絵画，彫刻，工芸品，書跡，典籍，古文書，考古資料，歴史資料，有形民俗文化財等の人文系の博物館資料が中心となる。また，博物館資料ではここに，総合博物館や科学博物館を視野に入れると，化石や骨格標本，植物標本や昆虫標本，剥製や鉱物標本など自然史系の博物館資料が含まれてくる。そして，これらの博物館資料は，文化財保護法で文化財として示されているものと重複しているものが多いことに気づく。すなわち，文化財と博物館資料は，極めて密接な関係にあるといえる。そこで本章では，わが国において博物館資料，あるいは文化財が法制度の面でどのように保護されてきたのかという経緯を述べていく。
《キーワード》　文化財保護法，古器旧物保存方，古社寺保存法，国宝保存法，重要美術品等ノ保存ニ関スル法律

1．明治以前に行われていた文化財の保護活動

　文化財保護法は，わが国の文化財の保存を図り，活用し，継承することを目的に定められた現行の法制度である。わが国でこのような文化財の保護に関する制度が本格的に定められていくのは，明治以降となるが，こうした制度は，わが国が近代国家として成立していく過程で突然始められたものではない。わが国では，古来より文化財を保護する営みが行

われており，そうした経験の上に文化財の保護制度が整えられてきたのである。その最も有名な事例の1つとして，正倉院宝物の伝承が挙げられる。

　正倉院宝物とは，聖武天皇の四十九日忌となる756（天平勝宝8）年6月21日に，光明皇后が天皇の冥福を祈念して，遺愛品600点余りと薬物60種を東大寺の本尊盧舎那仏に奉献された宝物を母体としている。光明皇后はその後，5回におよびさまざまな品々を奉献した。また，大仏開眼会をはじめ，東大寺の重要な法会に用いられた仏具などが納められ，さらに約200年後の950（天暦4）年に東大寺羂索院の倉庫から正倉に移された什器類などが加わった。そして，これらの品々は東大寺の正倉（現在の正倉院宝庫）に収蔵され，厳重に永く保存されることとなり，現代に伝わっている。正倉院宝物がこのように永く保管され，現代まで伝承してきた要因については，1つは唐櫃に宝物を収納していたこと，もう1つは曝涼の実施が挙げられている。

　従来，正倉院宝物の保存を可能にした要因は，三角形に面取りされた柱を組み上げた校倉の構造が有効に機能してきたことであるという説明が多くなされてきた。これは校倉の間隔が，湿度の高い時期には閉じ，湿度の低い時期には開くことで，庫内の湿度の変化が小さく抑えられると考えられてきたことに由来する。しかし，実際に庫内の温度湿度の変化を測定した結果，校倉の構造ではなく，木材そのものの調湿能力，つまり，湿度が低下すれば水分を放出し，湿度が上がれば水分を吸収する性質によって，庫内の湿度環境が安定したことが確認された。同時に，宝物の多くを収納していた杉製の唐櫃内の湿度の変動は，外気や庫内の湿度変動に比べて劇的に緩和されていることが明らかとなった。このことは，急激な湿度変動に弱い木工品や，漆工品などの保存に大いに役立ったという指摘がなされている。

次の要因として挙げられる曝涼とは，仏像や経典，衣類や家具，調度品などを日光にさらし，風を入れて湿気を取り除き，ほこりを払い，損傷個所を繕う作業である。また，目録と照合して員数を確認する点検作業や，収納空間や容器を清掃する作業が含まれる。いわゆる虫干しという作業である。正倉院の記録では，787（延暦6）年6月26日，793（延暦12）年6月11日，811（弘仁2）年9月25日，856（斉衡3）年6月25日などに曝涼が実施されている。こうした正倉院の曝涼は，その後，江戸時代まで40回近く行われた。そして，1883（明治16）年に年1回の曝涼の制が立てられ，今に至っている。こうした曝涼は，養老律令の施行細則として平安時代に編纂された『延喜式』にその規定が見られる。ここには，仏像や経典の曝涼は7月上旬から8月上旬までに行うこと，また，典籍や書，図絵は6年に一度曝涼すること，破損があれば修繕することなどが定められている。

　このように，わが国では古来より文化財を保護する営みが連綿と受け継がれてきた。その結果，明治以降に本格的に文化財保護に関する法制度が整備されていくこととなったのである。

2．文化財保護法に至るまでのわが国の文化財保護制度の展開

　明治に入り，いわゆる文明開化という社会情勢の変化は，伝統文化を「旧物」として軽視する状況を生み出し，さらには1868（明治元）年の「神仏分離令」によって，「廃仏毀釈」や旧物の破壊が進んだ。特に，廃仏毀釈の進行は，歴史ある寺院の仏像や古文書，建造物や美術品などを大量に破壊するとともに，海外への流出を招いた。このような文化財の危機に直面し，明治政府は1871（明治4）年5月に「古器旧物保存方」の太政官布告を発し，古器旧物，いわゆる文化財の目録と所蔵者の

詳細なリストの作成・提出を命じた。こうした宝物調査の後，1884（明治17）年ごろから岡倉天心やアーネスト・フェノロサなどが文部省の委嘱を受けて社寺が所蔵している古美術の調査に従事するようになり，その後，文部省が主体となって全国の古美術類の調査を実施した。さらに1888（明治21）年9月に宮内省に「臨時全国宝物取調局」が設置され，本格的な調査が開始されることとなった。この臨時全国宝物取調局の委員長は，現在の東京国立博物館の前身となる「宮内省図書寮附属博物館」を統括していた図書頭の九鬼隆一が務めた。臨時全国宝物取調局の調査は1897（明治30）年まで続き，その業務は宮内省図書寮附属博物館の後身である帝国博物館に引き継がれた。この間，臨時全国宝物取調局が鑑査を行った物件は，古文書17,709点，絵画74,731点，彫刻46,550点，美術工芸品57,436点，書跡18,665点の計215,091点に上り，優秀品に対しては鑑査状が発行され，その価値に応じて参考簿等に登録された。

　1894（明治27）年から1895（明治28）年の日清戦争を経たわが国は，民族的自覚が高まる時期を迎える。このとき，岡倉天心や伊東忠太などの識者や，社寺等の関係者の運動もあって，古社寺保存の機運が高まり，1897（明治30）年に「古社寺保存法」が公布された。また，鉄道建設や都市開発などの国土開発が加速することに対して，「史跡名勝天然記念物保存協会」が設立されるなど，史跡名勝や動植物の保存の意識が高まりを見せた。その結果，1919（大正8）年に「史跡名勝天然記念物保存法」が制定された。史跡名勝天然記念物保存法では，内務大臣が史跡や名勝，天然記念物を指定し，これらの現状変更や保存に影響を与える行為に関しては，地方長官の許可を得ることが必要とされた。また，国からの補助金による物件の修理，標識や柵の設置，鳥類の飼養などが行われ，国費による敷地の買い上げや発掘調査が行われた。

　再び古社寺保存法について述べる。古社寺保存法は，古社寺の建造物

および宝物類の保存を目的としたものである。具体的には，古社寺で建造物や宝物類の維持・修理を行うことが困難なものに対して，出願に基づいて内務大臣が「古社寺保存会」に諮問した上，補助・保存すべきものを定めることとなっている。また，内務大臣は，古社寺保存会の諮問を受けて「特別保護建造物」や「国宝」を指定することや，指定された特別保護建造物や国宝についての処分を許可制とすることが定められている。さらに，内務大臣の命令によって，国宝を官立，公立博物館へ出陳する義務を課することが定められている。これらは，後の国宝保存法や文化財保護法のように，国宝，重要文化財等の指定制度を設け，指定文化財に対して国の補助制度を定める法の体系とは異なっているが，実質的には同様の意味を持っているといえる。この点から，古社寺保存法は，わが国の文化財保護制度の原型と位置づけることができる。

　一方，古社寺保存法は，その対象を古社寺が所有する建造物と宝物に限定し，国や地方公共団体，あるいは個人の所有するものは対象としていない。しかし，時代の推移とともに，城郭建築や旧大名家が所有する宝物類など，社寺以外の文化財についても保存措置する必要性が高まり，1929（昭和4）年に「国宝保存法」が公布された。国宝保存法では，社寺が所有する物件以外も広く指定の対象とするとともに，建造物，宝物その他の重要な文化財を全て国宝として指定するように改められた。なお，古社寺保存法で特別保護建造物，あるいは国宝として定められた物件は，全て国宝保存法で国宝として指定されたものと見なされた。また，国宝保存法では，国宝の輸出や移出を許可制とすることが新たに定められ，現状変更についても許可制を採ることとした。この現状変更の許可制は，前述した史跡名勝天然記念物保存法で，現状変更は地方長官による許可制とするという方針を採用したもので，主務大臣による許可制とされた。これによって，修理に伴う復原までもが許可制となり，国宝保

存のための規制が飛躍的に強化された。

　このような古社寺保存法に基づく文化財の保護行政は，1913（大正2）年に，宗教行政が内務省から文部省に移管されるのに伴って文部省の所管となった。また，史跡名勝天然記念物の保存行政は，1928（昭和3）年に内務省から文部省に移管され，これ以降，文化財保護行政は全て文部省において一元的に所管されることとなった。

　しかし，1931（昭和6）年の満州事変以降，わが国の経済状態は悪化の一途をたどり，未指定の古美術品などの海外流出が続出するようになった。そこで，こうした文化財の海外流出を防止するため，1933（昭和8）年に，「重要美術品等ノ保存ニ関スル法律」が制定された。これによって歴史上，あるいは美術上，特に重要な価値があると主務大臣が認定した未指定物件については，準国宝級となる「重要美術品」として指定され，輸出や移出について主務大臣の許可が必要となった。

　以上，わが国では，明治以降，さまざまな社会情勢の変化に対応しながら，文化財保護に関する法制度が整えられていったが，戦争の影響で，文化財保護行政の機能そのものが中断することとなった。しかし，戦後いち早く，1945（昭和20）年10月には，重要美術品などの認定や名勝天然記念物の指定に関する事務が再開された。このうち，重要美術品については，戦中戦後の混乱状態による散逸や損壊，海外流出などの事態に鑑み，特にその調査，認定が急がれた。このため，文部省は，重要美術品等調査費補助金を計上し，各都道府県に調査員を置き，基礎調査を進めた。一方，連合国軍最高司令官総司令部の最高司令官から日本政府に対して，「美術品，記念物並びに文化的及び宗教的場所と施設の保護に関する政策と処置に関する覚書」が1945（昭和20）年11月12日付で発せられた。これは，保護を要する全ての作品，収集，場所を列記した目録と軍事行動による損害を詳細に記載して総司令部に提出することが命令

されたものである。その調査は困難を極めるものとなったが，1946（昭和21）年10月に完了した。

　また，美術工芸品の中で，戦後の混乱の影響を強く受けたものとして刀剣類が挙げられる。まず，1945（昭和20）年9月2日に総司令部最高司令官から「民間武器類の引渡準備命令」が出され，その後，相次いで民間武器の回収命令が出され，美術刀剣類も警察署または連合国軍によって回収された。しかし，関係者の必死の努力が実って，美術刀剣類は審査の上，仮許可証を交付して所持することが認められた。また，1946（昭和21）年に制定された「銃砲等所持禁止令」においても，美術品や骨とう品である銃砲刀剣類に限っては，都道府県公安委員会で刀剣審査委員の鑑定を受けて許可を得て，所持が認められることとなった。しかし，この間，国宝や重要美術品等認定物件のものが没収され，海外に流出するという事態もあった。

　次に国宝建造物については，戦時中，十分な保護措置が取れなかったことが要因となり，著しく荒廃が進んだ。そこで，文部省では，1946（昭和21）年度からその対策の検討を始めた。また，総司令部からも早急に応急修理計画を立てるようにとの指示を受け，全国の国宝建造物の破損状況の調査を開始した。そして，この結果を基礎として，1948（昭和23）年度を初年度とする国宝建造物の応急修理5か年計画を立案した。このときの修理予算は，初年度が2,000万円，次年度が1億円，1950（昭和25）年度以降は毎年度2億円余の修理費補助金が計上された。その後，国宝建造物の応急修理は，現在に至るまで文化財保存事業の中核となっている。

　このような戦後の混乱と動揺は，明治維新当時の旧物破壊に匹敵する深刻な影響を文化財に及ぼした。そして，このような危機のさなかの1949（昭和24）年1月26日に，法隆寺金堂壁画が失火によって焼失する

事件が発生した。そして，以降1年半の間に，金閣寺をはじめとする4件の国宝建造物が火災による被害を受けることとなった。特に法隆寺金堂の炎上という事件は国民に強い衝撃を与え，これを機会に，わが国の伝統的文化財保存のために抜本的施策を講ずるべきとする世論が高まりを見せた。そして，「参議院文教委員会」は，こうした事態と世論を背景に対策を検討した結果，超党派で，文化財保護制度のための画期的な立法措置を講ずるべきであるとの結論に達し，その準備に着手した。そして，1950（昭和25）年5月に「文化財保護法」が制定された。

　文化財保護法は，「国宝保存法」と「史跡名勝天然記念物保存法」，そして「重要美術品等ノ保存ニ関スル法律」を一本に集大成した総合立法である。ここでは，国宝保存法で指定された国宝は，文化財保護法による重要文化財として見なされることとなった。また，「重要美術品等ノ保存ニ関スル法律」による重要美術品については，重要文化財に相当するものを厳選して指定し，他は全て重要美術品の認定を解除することとなった。さらに，文化財保護法において移行指定となった重要文化財のうち，特に優れたものは新しく国宝として指定された。また，文化財保護法の制定による，事務局体制も刷新され，5人の委員をもって構成する行政委員会としての「文化財保護委員会」が文部省の外局として設置された。このことで，これまで「文部省社会教育局」の「文化財保存課」で処理されていた事務が，文化財保護委員会の事務局に移され，保護行政の体制が画期的に強化された。それと同時に，文化財保護委員会に「文化財専門審議会」が設置され，諮問，建議の機関とされた。なお，文化財保護委員会は，1968（昭和43）年6月に「文化局」とともに廃止され，両者を統合して新たに文部省の外局として「文化庁」が設置された。

3．文化財保護法の展開

　「文化財保護法」は，「文化財を保存し，且つ，その活用を図り，もつて国民の文化的向上に資するとともに，世界文化の進歩に貢献すること」を目的としている。そして，文化財保護法は，社会的な情勢を踏まえつつ，これまで大きく5回の改正が行われてきた。その変遷は，1954（昭和29）年，1975（昭和50）年，1996（平成8）年，2004（平成16）年，2018（平成30）年の改正となる。この5回の改正のうち，1954年，1975年，1996年，2004年の4回の改正は，主に文化財保護法が対象とする文化財の枠組みを広げる改正であった。

　1950年の文化財保護法成立時に保護の対象となった文化財は，美術工芸品と建造物が「有形文化財」として，また，貝塚，古墳，都城跡，城跡旧宅等の遺跡，庭園，橋梁，峡谷，海浜，山岳等の名勝地，動物，植物及び地質鉱物が「記念物」として類型が設けられた。また，有形文化財は「重要文化財」と「国宝」の指定制度，史跡は「史跡」と「特別史跡」，名勝は「名勝」と「特別名勝」，記念物は「天然記念物」と「特別天然記念物」の指定制度として2段階に区分された。さらに，「無形文化財」として演劇・音楽と工芸技術が「助成等の措置を講ずべき無形文化財」の選定制度として設けられるとともに，「民俗資料」や「埋蔵文化財」も有形文化財として保護の対象となり，その範囲が拡大された。

　1954年の改正では，「無形文化財」が類型として追加され，「重要無形文化財」の指定制度と「記録作成等の措置を講ずべき無形文化財」の選択制度の2段階に区分された。また，民俗資料と埋蔵文化財が有形文化財から独立した類型となった。この中で，有形の民俗資料は「重要有形民俗資料」の指定制度が設けられ，無形の民俗資料は，「記録作成等の措置を講ずべき無形の民俗資料」の選択制度が設けられた。

1975年の改正では，埋蔵文化財に関する制度が整備されるとともに，「民俗資料」の名称を「民俗文化財」に改め，「重要有形民俗文化財」，「重要無形民俗文化財」の指定制度が設けられた。また，伝統的建造物の保護を目的として「伝統的建造物群」が類型として追加され，「重要伝統的建造物群保存地区」の選定制度が設けられた。さらに，文化財の保存技術の保護を目的として「文化財の保存技術」が類型として追加され，「選定保存技術」の選定制度が設けられた。

1996年の改正では，建造物のうち，国・地方公共団体の指定以外の文化財の保存等を目的とした文化財登録制度として建造物に「登録有形文化財」が設けられた。この登録制度によって，文化財保護の対象が飛躍的に広がった。

2004年の改正は，文化財登録制度の範囲が拡大され，美術工芸品にも「登録有形文化財」が適用されるとともに，記念物に「登録記念物」，有形の民俗文化財に「登録有形民俗文化財」が設けられた。さらには，民俗文化財の保護範囲の拡大を目的とした民俗技術の選択制度（記録作成等の措置を講ずべき無形の民俗文化財）が設けられた。また，文化的景観の保護を目的として「文化的景観」が類型として追加され，「重要文化的景観」の選定制度が設けられた。この他，2021年の改正において，「登録無形文化財」と「登録無形民俗文化財」の登録制度が設けられた。

一方，5回目の大きな改正となった2018年の改正は，これまでの改正とは大きく性質を変えるものであった。2018年の改正では，文化財の保存と活用の計画制度が創設され，文化財の保存と活用に関わる都道府県による「文化財保存活用大綱」の策定や，市町村による「文化財保存活用地域計画」の策定が求められた。また，文化財の保存と活用に多様な担い手が参画できる体制の整備として，「文化財保存活用支援団体」の指定制度が創出され，管理責任者制度の選任要件が緩和された。

以上，文化財保護法改正の変遷からは，保護の対象とする文化財の枠組みを広げていく取り組み，そして，文化財を保存しながらより積極的な活用を図り，文化財の保護をさらに推進しようとする姿勢が見て取れる。こうした動向が，これからの文化財の保存と活用のあり方にどのような影響を与えていくのかは今後も注視していく必要があろう。

参考文献

文化庁「学芸員養成課程の科目のねらいと内容について」
　https://www.bunka.go.jp/seisaku/bijutsukan_hakubutsukan/shinko/about/94070201.html（2024年8月1日アクセス）
『学制100年史』
　https://www.mext.go.jp/b_menu/hakusho/html/others/detail/1317552.htm（2023年4月23日アクセス）
成瀬正和「正倉院北倉の温湿度環境」『文化財保存修復学会誌 No.46』（2002 pp.66-75）
成瀬正和「正倉院宝物の点検―現代に引き継がれる「曝涼」のこころ」九州国立博物館編『よみがえる国宝―守り伝える日本の美』（九州国立博物館　2011 pp.32-33）
『文化財保護法』
　https://hourei.net/law/325AC1000000214（2023年4月23日アクセス）
文化庁「特集　文化財指定制度（古社寺保存法制定100周年）」『月刊文化財 No.411』（文化庁　1997　pp.4-40）

3 | 博物館資料の保存環境

間渕　創

《目標＆ポイント》　博物館では資料ができるだけ劣化しないよう，環境を管理することで予防的に保存する。本章では，資料保存における温度・湿度，光，空気環境についての基本的な知識を学ぶとともに，それらが資料に与える影響を理解し，適切な保存環境の構築について考える。

《キーワード》　予防的保存，保存環境，温度，相対湿度，可視光，紫外線，赤外線，酢酸，アンモニア

1．資料保存の歴史と変遷

（1）　予防的保存 ― Preventive Conservation

　古くから社寺の宝物などは，年月の経過などによる劣化が進むたびに繰り返し修理されてきた。われわれは今日，1000年以上もの昔から伝世されてきた文化財を目にすることができるが，これは過去の人々が修理によって文化財が朽ちて消失してしまうことを防ぎ，その価値を保ってきたことを示している。

　ただ，過度に傷んだ後に修理を行っても，当然ながら文化財やその一部は失われてしまう。文化財の劣化状況を見ながら，適切な時期，タイミングで修理を行う必要があるが，必ずしも思うように手当てできないこともある。また適切な時期に修理を行ったとしても，長い歴史の中で繰り返し修理されることで，脆弱になった文化財を構成する顔料，紙，絹，木材などの材料が少しずつ脱落することは避けられない。また場合によっては調度や信仰対象としての実用のため，現在の文化財としての

視点から見ると不適切と思われるような加筆や補修が行われたこともある。

現在われわれが受け継いだ文化財を，今後100年，1,000年と将来の世代に継承することを考えると，経年劣化と修理が繰り返されることで当初の材料や情報が少しずつ失われ，最終的には文化財の真正性や完全性，ついには文化財の価値そのものが失われることにつながりかねない。このことから，1980年代以降，文化財や美術作品などの博物館資料は，適切な時期に修理するだけでなく，できるだけ資料が劣化しにくい保存環境を整えることに重点を置いた予防的保存（Preventive Conservation）という考え方が世界の主流となった（ICOM-CC 2008）。

（2） 博物館資料を保存する環境

どんな博物館資料も，物質である以上いつまでも同じ状態でいることはできず，周囲の環境の影響を受け時間の経過とともに必ず変質する。博物館資料では，鑑賞や利用に支障をきたす形状や色の変化，材料の脆弱化などの変質を資料の劣化として捉える。つまり博物館資料が劣化することは不可避であり，極論的には，遠い未来には博物館資料としての外形が失われることは避けられない。この観点からは博物館資料には有限の寿命があるともいえ，恒久保存，永年保存といった理念とは考え方が異なる。

ただし，物質を取り巻く環境条件によって変質する速度は異なる。物質の変質をできるだけ遅らせるという点のみからいえば，極低温で暗所，無酸素といった環境となってしまう。これを博物館資料で考えると，一切利用・公開せず死蔵することが最適となる。しかし，そもそも博物館資料は展示公開や調査研究，教育普及等に活用するために保存されているともいえ，また博物館法や文化財保護法，文化芸術基本法といったわ

が国の法においては，博物館資料や文化財は保存するだけでなく活用することも求めている。博物館資料は人による利用，活用があってこその存在であり，このことから博物館に求められる保存環境は人が活動する環境の範囲中で，博物館資料の劣化を最大限抑制する環境といえる。

（3） 博物館における保存環境管理

　博物館資料の劣化と一口に言ってもその現象や要因はさまざまである。予防的保存として資料や作品が劣化しにくい保存環境を整備するためには，資料を取り巻く環境から劣化要因を除去し，軽減させることが必要となる。博物館資料の劣化要因は，一般的に以下の7つに分類される。

　①温度（熱）・湿度（水分）
　②光（可視光／紫外線／赤外線）
　③空気汚染（大気汚染／室内汚染）
　④生物（微生物／動物／植物）
　⑤振動・衝撃
　⑥火災・自然災害（地震・風水害）
　⑦盗難・人的破壊

　古くは風通しのよい建物で湿気や害虫・カビによる生物被害を防ぐことが主であった。現在の博物館では，それぞれの劣化要因について，施設設備によって人工的にコントロールすることで環境管理を行い，予防的保存を目指す。劣化現象の発生頻度が高い①温度・湿度，②光，③空気汚染，④生物については日常的な管理によって，劣化現象の重大性が大きい⑤振動・衝撃，⑥火災・自然災害（地震・風水害），⑦盗難・人的破壊についてはあらかじめ備えておくことで対応する。本章では主に日

常的な環境管理について解説する。

2．日常的な環境管理

（1）　博物館の施設のゾーニング

　博物館等の施設では，展示室，収蔵庫，事務室，飲食休憩スペースなどが別棟のように独立して存在しているわけではなく，1つの建物内に異なる用途，環境の区画が隣接し，互いに影響し合いながら存在している。したがって展示室，収蔵庫の環境を単体で管理するだけでなく，施設全体としての環境管理が必要となる。

　原理的には，施設内全体の環境管理レベルをすべて収蔵庫と同様に厳密かつ高レベルで管理することが，資料保存にとっては理想的であるかもしれない。しかし実際には，それぞれの諸室には異なる用途があり，また設備投資，管理コストも膨大となる。例えば，博物館の建物全体を高レベルに管理された食品工場のクリーンルームと同様に管理することを考えたとき，来館者は展覧会に訪れた際に防塵服に着替え，エアシャワーをくぐって展示室に入室するといったことになり，現実的ではないことが想像できるだろう。そこで施設全体の環境管理ではゾーニングという考え方が基礎となる（図3-1）。屋外からのさまざまな劣化要因が，資料の存在する空間（収蔵庫や展示室，展示ケース内）に直接影響を与えないよう，緩衝区域を設け，それぞれの用途に合ったレベルで環境管理する。これは温度・湿度や外光，大気汚染物質，害虫やカビといった屋外に由来を持つ劣化要因に共通した考え方である。

　以下，日常的な管理が必要な温度・湿度，光，化学物質についてそれぞれ解説する。生物については次章で扱うこととする。

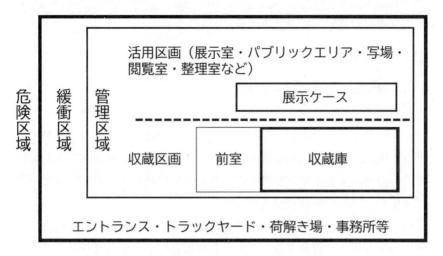

図3-1　博物館施設のゾーニング概念図

（2）　温度・湿度

　収蔵庫や展示室において，どのような温度・湿度で管理するのがよいのかは，どのような影響を温度や湿度が資料に与えるかという視点で考える。

　資料を構成する材料の化学的な劣化を考えた場合，温度が高くなると化学反応に必要な活性化エネルギー（反応の出発物質の基底状態から遷移状態に励起するのに必要なエネルギー）よりも大きなエネルギーを持つ分子の割合が増え，化学反応の速度が速くなる。概算では温度が10℃上昇すると反応速度（化学的劣化の速度）は約2倍に増加する。

　また高湿度環境下ではカビが発生しやすくなることは，日常生活でも感じられると思うが，資料表面においても同様である。カビには生育できる温湿度範囲があり（図3-2），相対湿度60%を下回ればカビは生育

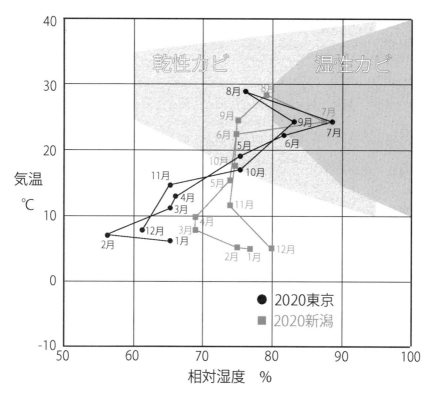

図 3-2　温度・湿度とカビの生育範囲

できないことが知られている。

　温度や湿度が変化・変動することによる資料への影響もある。20℃から1℃温度が上昇すると，金属類では1mあたり10〜30μm程度，木材では3〜60μm程度膨張する（三浦ほか2016）。あまり大きな変化ではないが，線膨張率が大きく異なる物質が張り合わされている場合などには，伸縮の差により亀裂や界面の剥離が生じる。

　木材や紙など多孔質材料では，温度と湿度が変化することで材料に含

表3-1　材質に応じた相対湿度条件（Guichen 1989）

100%	出土遺物（保存処置前）
50〜65%	木・紙・染色品・象牙・皮革・羊皮紙・油絵・自然史系の資料
45〜55%	化石
0〜45%	金属・石・陶磁器・ガラス

まれる水分が出入りすることで寸法が変化する。相対湿度10%の変動に対して，1m幅の木板は5〜10mm寸法変化する（佐道1996）。温度変化による寸法変化よりも大きな影響があり，繰り返しの変形でひび割れ等が起こる。また吸放湿性能のない金属等と張り合わされている場合には，亀裂や剥離が生じる。材料ごとの保管に適した湿度がIIC（国際文化財保存学会）・ICOM（国際博物館会議）・ICCROM（文化財保存修復研究国際センター）によって示されており参考となる（表3-1）。

　上記の通り，資料の保存，寿命だけであれば，おおむね「低温，低湿条件で年間通じて一定」が有利にはなる。しかし，展示公開やそれに伴う移動，写真撮影や調査研究のための閲覧など活用の場は人の活動に適した温湿度設定で管理されている。これらの区域間で温度・湿度に極端なギャップがあると，資料は大きな影響を受けることになる。保存と活用の両方を考えた場合，温度は人が活動（利用・活用）しやすい範囲：20℃〜25℃程度，湿度は高湿・過乾燥を避け，カビが生えない湿度範囲：相対湿度50〜60%，かつ短時間の温湿度変化を抑えることが，博物館等での温度・湿度管理の目標となる。なお近年では世界的な気候変化や大量のエネルギーを消費する空調に頼った温度・湿度管理の持続可能性への対応として，博物館等における温度・湿度の管理がどうあるべきかについて研究や議論が進められている（ICOM 2004；ICC 2010）。

（3）光

電場と磁場の変化を伝搬する波動を電磁波という。電磁波を波長によって区切り，電波，光，X線，ガンマ線などと呼ぶ（図3-3）[1]。一般的に，光とは可視光，紫外線，赤外線のことを指す。可視光線は人間の目に見える光（約400-700nm），紫外線は可視光線より波長の短い光（約10-400nm），赤外線は可視光線より波長の長い光（700nm-1mm）である。紫外線と赤外線は人間の目では見えない。

人間の目で色が見えるという現象は，光源から対象へ光が放射され，対象が一部波長の光を吸収，残りの波長の光を反射し，反射光を受光部である目で検知することである。対象による光の吸収とは，対象を構成する材料分子が特定波長の光を吸収することであり，これにより分子の状態が変化（光励起：電子励起・振動励起・回転励起）し，化学反応が促進される。また波長が短いほど光子のエネルギーが大きく，分子の結合解離エネルギーに匹敵するエネルギーの光が照射されると，光分解を起こす可能性が高くなる。つまり資料を鑑賞するために光を当てること

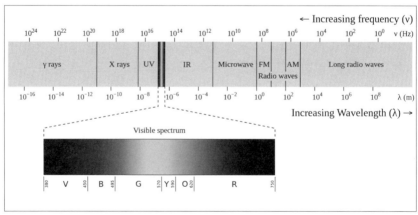

図3-3　電磁波と光（Wikipedia: Electromagnetic radiation）

---

[1]　https://en.wikipedia.org/wiki/Electromagnetic_radiation（2024年2月27日アクセス）

で，彩色の変退色，紙・繊維・樹脂などの脆弱化等，不可避的な変化が起こる。"見る"ことは"傷める"ことと同義である。しかし資料を活用するためには光が必要不可欠である。資料の活用においては，鑑賞性と光による資料の劣化をコントロールする必要がある。

　光は波長によって性質が異なるため，紫外線，赤外線，可視光に分けて考える必要がある。紫外線は可視光よりもエネルギーが大きく，色材の退色，構造の脆弱化を引き起こし，危害の程度が非常に大きい。赤外線は物質の表面温度を上昇させる効果があり，光を照射することで対象表面の温度が上昇する。これに伴い材料の膨張，表面の乾燥が生じ，ひいては資料の変形・亀裂を引き起こすことにもつながる。紫外線，赤外線は人の目には見えず，鑑賞・観察に不必要な光なので，光源から除去する必要がある。

　これに対して可視光については，資料の保存だけ考えた場合には，暗ければ暗い方が良いが，鑑賞・観察に不可欠なため，適切に管理する必要がある。

　博物館資料の展示に当たっては，光に強い材質と脆弱なもの（耐光性）に分類して，照度（lx）と積算照度（照度×時間）を制御し，対象が受ける光のエネルギーの総量を管理する。照度と積算照度による照明管理には，国際照明委員会や照明学会の推奨基準がある（表3－2）（照明学会2021）。耐光性が強い材質の場合には，明るく，また長期間展示しても支障がないが，弱い資料については照度を抑え，かつ短期間の展示に限られる。

　展示照明から放射される光の波長は光源によって異なるため，光源の特性による対策と管理が必要になる。展示のスポットライトに使用される白熱灯・ハロゲンランプは，可視光領域は太陽光に近い発光特性を持ち色再現性が高いが，熱，赤外線放射を非常に多く含む。総エネルギー

第3章　博物館資料の保存環境 ｜ **45**

表3-2　照度の推奨値

カテゴリー （材料分類）	説明	制限 照度 [lx]	限界 露光量 [lx・h/y]
耐光性： 高	光に反応しない，変化しないマテリアルのみから作られているもの：ほとんどの金属・石・ほとんどのガラス・混じりけのない陶器・琺瑯・ほとんどの鉱物	無制限	無制限
耐光性： 中	わずかに光に反応する耐光性の高いマテリアルを含むもの：油彩画・テンペラ画・フレスコ画・染料を使用していない革や木・角・骨・象牙・ラッカー・幾つかのプラスチック	200	600,000
耐光性： 低	かなり光に反応する変化に弱いマテリアルを含むもの：衣装・水彩画・パステル画・タペストリー・版画や素描・写本・細密画・ジステンパーによる画・壁紙・グワッシュ画・染められた革とほとんどの天然物（植物標本・毛皮・羽）	50	150,000
耐光性： なし	光に強く反応するマテリアルを含むもの：絹・非常に変化しやすい着色料・新聞	50	15,000

国際照明委員会「CONTROL OF DAMAGE TO MUSEUM OBJECTS BY OPTICAL RADIATION」CIE-157-2004, 照明学会「美術館・博物館の照明技術指針」JIEG-012（2021）

のうち可視光線は10％程度で，赤外放射が72％程度，残りは熱となって消費されるため発光効率は悪い（三浦ほか2016）。蛍光灯は発光原理上どうしても微弱な紫外線が放射されるため，展示室では紫外線除去加工がされた美術・博物館用蛍光灯を使用する必要がある。これらの白熱電球，

蛍光灯はエネルギー効率が悪いことや，水銀の使用などを理由として生産が中止されつつあり，将来的には使用できなくなる。

　既存の博物館等では，LED 照明への交換が進められている。白色のLED 照明は青色 LED（励起光）と黄，緑，赤色などの蛍光体との混色で白色を作るものが主流である。LED 光源は紫外線，赤外線，熱放射がほとんどなく，エネルギー効率が良いため展示光源としては有利であるが，可視光域の光を放射していることに違いはないので，従来の光源と同様の照度や積算照度の管理は必要である。

　光源に含まれる波長の違いによって，対象の色の見え方が異なる。当然のことながら光源にもともと含まれない波長の光は，対象に照射しても反射されない。幅広い波長の光を含む光源が色再現性が高いことになる。展示照明にどのような波長の光が含まれているか，光の質を評価する必要がある。

　色温度は光源の光の色を，その色が黒体から放射されるときの黒体の温度（K）で表したものである。例えば夕日は2000K 程度，昼光は5000-6000K 程度と表現される。色温度が高いほど損傷度が高くなるため，照明学会による美術館・博物館の照明技術指針（照明学会2021）では，展示照明においては2700-4000K が推奨とされている。

　演色性は試験色が光源の光の下でどのように見えるかを表す指数である。基準光源と評価したい光源を比較し，色のずれを評価する。数値が100に近いほど色再現性に優れる。演色評価色票 No.1～8 の平均値を平均演色評価数（R_a）という。また No.9～15ごとの演色評価数を特殊演色評価数といい，LED 光源の場合，赤色が弱い光源が多いことから，個別に R_9 を追加して光源評価することがある。前述の美術館・博物館の照明技術指針では，博物館等の展示照明としては，R_a＞90（色の忠実性をさらに求める場合は95），R_9＞0（左同75）としている。

その他，LEDは点光源に近く配向性が狭いため，はっきりとした影ができてしまうことや，明暗の境界がきつくなることがあるため拡散板などの工夫が重要となる。また展示ケースガラスや光沢のある資料からの反射光がまぶしいなど，従来のハロゲンスポット照明とは異なる展示照明計画が求められる。展示室が暗いといった利用者からのクレームは多く，暗順応（展示室入口から奥に進むにつれて照度を落としていく）や，グレアの制御（目に光源や反射光が直接入らないような照明設営），展示ケースガラスに低反射フィルムを貼る，作品背景の輝度を抑えるといった，照度を守った上で資料がよく見えるような照明の工夫が必要である。

（4）　空気汚染

空気中に博物館資料の材料と反応する化学物質が存在すると，資料表面で化学反応が起こり，材料と化学物質の組み合わせによっては変色や腐食，脆弱化を伴うこともある。また実際の博物館資料の場合，表面の湿分や汚れを介しても化学反応が進むことがある。収蔵庫や展示室においては，博物館資料に使用される材料に対して影響を与える可能性のある化学物質への対応が必要となる。博物館等の空気環境における汚染物質への対応を考えるときには，屋外を由来とする大気汚染物質と，室内由来の化学物質に区分する必要がある。

大気汚染については，1960年代からの高度経済成長期において，重工業化による硫黄酸化物（SO_x）による健康被害が問題となったが，現在は改善傾向にある。これに対してモータリゼーションによる窒素酸化物（NO_x），光化学オキシダントについては現在も大気濃度は大きく低下してはおらず注視する必要がある。大気汚染物質による材料への影響を表3-3に示す（三浦ほか2016）。屋外展示される金属製の美術作品は特

表3-3　資料への大気汚染物質による影響概略

大気汚染物質	発生源	資料への影響
硫黄酸化物 SO_x	工場・火山	金属腐食，油絵下地の噴出誘導
窒素酸化物 NO_x	車など	金属腐食，紙・染織品脆化，油絵下地の噴出誘導
硫化水素 H_2S	火山	金属腐食，特に銀の黒化
オゾン O_3	光化学スモッグなど	有機物の酸化促進，脆化
塩化物 $NaCl, MgCl_2$	海	金属腐食促進，特にブロンズ病
微小カーボン	車	汚損等

に大気汚染物質の影響を受ける。大気汚染物質が雨に溶解し，酸性雨として降雨後，作品表面で乾燥することで濃縮し金属を腐食する現象が知られている。また海塩粒子も同様にブロンズ作品表面で濃縮・潮解し，水溶性の塩基性塩化銅（$CuCl_2 \cdot 3Cu(OH_2)$）を形成する，いわゆるブロンズ病が知られている。屋外展示される金属製の美術作品への対策としては，定期的な水洗により作品表面での濃縮を避けることや，作品表面のワックス塗装（焼付）により金属への接触を避けるといった方法が採られることがある。施設内で収蔵，展示されている資料への大気汚染物質への対策については，大気汚染は外から入ってくるため，ゾーニングの考えのもと，施設設備によって流入を低減させることが肝要である。具体的には，風除室や二重シャッターなどによる大気汚染物質の流入防止，空調機による展示室・収蔵庫の陽圧管理やケミカルフィルターによる除去，収蔵庫の高気密扉・前室の設置により収蔵庫への流入を防ぐといったことが挙げられる。

　室内汚染については主に内装材が放散源となることが多く，展示室，

表3-4　資料への室内汚染物質による影響概略

室内汚染物質	発生源	資料への影響
アンモニア・アミン類 （アルカリ性物質）	コンクリート，水性塗料，床洗浄剤，ワックスなど	油絵の褐変，緑青の青変，鉛丹変色等
有機酸（ギ酸・酢酸） （酸性物質）	木材，合板，接着剤などの建材	金属腐食，鉛丹等鉛顔料変色，貝標本の白色粉状物質形成
ホルムアルデヒド・アセトアルデヒド （還元性物質）	ベニヤ，メラミン，ホルムアルデヒド系樹脂	鉛の腐食，膠等有機物の硬化・脆化等，染料の褪色
オゾン （酸化性物質）	電気器具，照明器具	有機物の酸化促進・脆化
含硫黄化合物	ゴム，タイルカーペット	銀の黒化

収蔵庫，展示ケースは日常的な換気等の管理や化学物質のモニタリングが必要となる。博物館資料の材料に影響を与えることが既知の室内由来の化学物質を表3-4に示す（三浦ほか2016）。これらのうち，アンモニア，有機酸（ギ酸・酢酸）が頻繁に問題となる。長期間資料と接触しても影響の少ないアンモニア，有機酸の管理目標値を表3-5に示す（東京文化財研究所2019）。

　アンモニアは建物等のコンクリート（乾燥過程）から発生することがよく知られており，博物館の新築，リニューアル時に問題となる。打設後のコンクリート表面からの水分蒸発とともにアンモニアが放出するため，コンクリートが乾けば減っていく。一般的には展示収蔵施設として安全なアンモニア濃度となるまでに打設後2夏必要とされているが，コ

表3-5　空気環境の管理目標値

室内汚染物質	管理目標値
アンモニア	30ppb（22 μg/m^3）
酢酸	170ppb（430 μg/m^3）
ギ酸	10ppb（19 μg/m^3）
ホルムアルデヒド	80ppb（100 μg/m^3）
アセトアルデヒド	30ppb（48 μg/m^3）

ンクリート使用量によっては長引くこともある。またその他には，展示ケースや展示台に使用する織物壁紙の難燃剤（リン酸アンモニウム等）が由来と推定される放散のほか，人の呼気や発汗等により皮膚表面からも放散される。

　酢酸を主とする有機酸は内装材や建材から放散することが多い。壁紙施工に使用する酢酸化合物を含む接着剤の乾燥過程で大量に放散する（蒸散支配型）。この放散は時間経過で放散量が低減する。したがって内装材からの化学物質放散については，積極的な送風・換気による枯らしが有効であり，数週間でほぼ解消することが多い。これに対し木材・合板を使用した建材から放散する有機酸は少量ずつではあるが恒常的に放散し続ける（内部拡散支配型）。特に展示ケースなどの密閉空間で高濃度化することがある。木質系建材からの有機酸の放散は枯らしのほか，空調機による外気取り入れ／排気による換気や，ケミカルフィルターによる除去，またエアコンの場合は換気機能がないので，化学物質吸着フィルター付き空気清浄機なども使用されることがある。

　展示ケースの空気環境対策は特に重要である。換気回数（回/day）が少ない展示ケース（例えばエアタイトケース：0.3回/day 以下など）

は，展示室の湿度変化の影響を受けにくいメリットがあるが，壁紙や合板などから放散する化学物質の放散量が自然換気による希釈量を上回った場合にケース内で化学物質濃度が高くなる。いったん気中濃度が低下しても，ケースを閉じて使用することで再び徐々に高濃度化することがよく見られる。展示ケースを使用していない期間に換気するなど一定以下の濃度に保つことや，化学物質吸着剤を使用するなどの対策が必要となる。

　なお，化学物質吸着剤は空間に放散した化学物質を除去するものなので，放散源からの放散量が低減するわけではなく，一定量（濃度×時間）吸着すると破過してしまう。気中濃度のモニタリングにより吸着効果や交換時期の確認が必要である。また化学物質吸着剤により常態的に管理するのはコストがかさむため，応急的対応と考える必要がある。一般的に市販されている化学物質吸着剤は，活性炭や酸化カルシウム等を利用した物理吸着であり，破過後に気中の化学物質と平衡することにより，一定以下の濃度低下が望めないだけでなく，温度上昇などで脱着がおこり気中濃度が再上昇する可能性もある。表面処理活性炭等，化学吸着による吸着剤の使用が望ましい。近年では展示ケース内に設置する化学物質吸着フィルター付き小型空気清浄機なども開発されている。またそもそも有機酸等の化学物質の放散が少ない建材を使用することも増えている。金属板，無機ボード，金属蒸着シート，化学物質放散の少ない壁紙（ミュージアム仕様）などの組み合わせで展示ケースを設計するが，耐荷重やピン打ち不可といった課題もあり，現状では一長一短なため，各館での展示資料，展示方法をあらかじめ考慮して選択する必要がある。

3．まとめ

　博物館資料の保存では，予防的保存の考え方により，劣化要因それぞ

れについて管理し，資料が劣化しにくい環境を構築，維持している。本章では主に日常的な管理が必要な温度・湿度，光，空気汚染を取り上げ，それぞれについて条件の設定，モニタリング，課題があった場合の対策について述べてきた。現在の博物館資料を将来に伝えていくためには，資料の保存と活用をバランスよく進めていく必要があり，積極的な公開活用等とともに保存環境の管理も重要であることを忘れてはならない。

参考文献

ICOM-CC, *Terminology to characterize the conservation of tangible cultural heritage* (2008)

三浦定俊・佐野千絵・木川りか『文化財保存環境学（第2版）』（朝倉書店　2016）

佐道健「水分変化による木材の寸法と形状の変化」『木材保存』22巻2号（日本木材保存協会　1996）

Guichen, G. de, *Climate in museums. Measurement* (ICCROM, 1988)

Boylan, Patrick J. (ed.), *Running a museum: a practical handbook* (ICOM, 2004)

Dialogues for the New Century: Discussions on the conservation of cultural heritage in a changing world, The Plus/Minus Dilemma/A Way Forward in Environmental Guidelines (IIC, 2010)

照明学会（IEIJ）『美術館・博物館の照明技術指針 JIEG-012』（照明学会　2021）

東京文化財研究所保存科学研究センター保存環境研修室『美術館・博物館のための空気清浄化の手引き』（東京文化財研究所　2019）

4 │ 博物館の IPM：総合的有害生物管理

間渕　創

《目標＆ポイント》　博物館資料を劣化させる要因の１つに生物被害がある。特に，害虫とカビについては被害の進行が速く，また重篤な影響を与えるため，日常的に監視，管理する必要がある。本章では，博物館での虫菌害対策である IPM の考え方を理解するとともに，実践的な事例についても学ぶ。
《キーワード》　文化財害虫，カビ，文化財 IPM，トラップ調査，浮遊菌・付着菌調査，化学薬剤燻蒸

１．資料の生物被害

　展示，収蔵されている博物館資料は時として，害虫による食害，汚損，営巣やカビによる汚損，脆弱化などの生物被害を受けることがある。害虫による食害では，木や紙でできた資料そのものが消滅してしまうこともある。カビが資料に発生すると，菌糸，胞子や代謝物等による資料の汚損や基質の脆弱化などを引き起こし，時に完全な除去や回復が難しい不可逆的な劣化を及ぼすこともある。また収蔵庫や展示室の壁や棚などでカビが発生した場合には，職員の健康障害を引き起こす可能性もある。博物館においては生物被害についての対策は重要である。本章では，害虫やカビの基礎知識，殺虫・殺菌といった処置やモニタリング方法を解説し，これらを合理的に組み合わせた日常的な管理としての博物館における文化財 IPM（Integrated Pest Management: 総合的有害生物管理）について解説する。

2．文化財害虫についての基礎知識

（1）　文化財害虫

　野外に普通に生息している昆虫のうち，過去に文化財等に悪影響を及ぼした記録のある昆虫を「文化財害虫」と呼ぶ。現在のところ文化財を加害する恐れのある昆虫は約160種知られている（小峰2010）。文化財害虫については『文化財害虫事典』（東京文化財研究所編2004）や，東京文化財研究所による検索サイト『文化財害虫検索』[1]が詳しい。主な文化財害虫を表4-1に示す（三浦ほか2016）。また加害材質別の文化財害虫を表4-2に示す。

　文化財害虫による資料の加害には，食害などによる物理的な破損，脆弱化，消失のほか，虫糞やフラス（虫糞と木くずなどが混じったもの）が資料表面に固着したり，除去できない染みや汚れが残ったりするよう

表4-1　文化財害虫

シミ目	ヤマトシミ，セイヨウシミ，ニュウハクシミなど
ゴキブリ目	ヤマトゴキブリ，チャバネゴキブリなど
シロアリ目	ヤマトシロアリ，イエシロアリなど
バッタ目	カマドウマなど
チャタテムシ目	ヒラタチャタテなど
コウチュウ目	カツオブシムシ，キクイムシ，シバンムシ，ヒョウホンムシなど
ハチ目	クマバチ，クロクサアリ，キゴシジガバチなど
ハエ目	イエバエなど
チョウ目	イガ，コイガなど

---

[1]　https://www.tobunken.go.jp/ccr/pest-search/top/index.html（2024年5月24日アクセス）

第4章　博物館の IPM：総合的有害生物管理　|　**55**

表4-2　加害材質別の文化財害虫

植物質害虫	〈木材〉	建造物・大型文化財： シロアリ，シバンムシ，キクイムシ，カミキリムシ，ゾウムシ，ナガシンクイムシ，タマムシ，アリなど 木彫仏像・屏風，その他小型文化財： シロアリ，シバンムシ，チャバネゴキブリ，コシブトハナバチなど
	〈竹材〉	ヒラタキクイムシ，ナガシンクイムシ，シロアリ，カミキリムシ，ゾウムシなど
	〈紙〉	シバンムシ，シミ，チャバネゴキブリ，チャタテムシ，アリ，シロアリなど
	〈綿・麻〉	シミ，ゴキブリ，イガ，シロアリなど
	〈乾燥植物標本，畳など〉	シバンムシ，ヒョウホンムシ，カツオブシムシ，シミ，チャタテムシ，ナガシンクイムシ，シロアリなど
動物質害虫	〈羊皮紙，毛皮，毛織物，絹など〉	カツオブシムシ，イガ，コイガ，シミ，ゴキブリなど
	〈動物標本〉	カツオブシムシ，ゴキブリ，ヒョウホンムシ，チャタテムシ，シバンムシ，イガ，アリ，シミなど

『文化財害虫辞典』(2004)，『文化財保存環境学 第2版』(2016) を参考に作成

な汚損がある。例えば古文書がシバンムシに加害されると書かれた文字が読めなくなったり，木彫像がシロアリに加害されると，穴だらけになり外形をとどめなくなったりする。日常的に管理する資料の劣化要因の中で最も被害が大きく，また進行が速いので場合によっては数日で目に

見える被害が発生する。

（2）　文化財害虫のモニタリング方法

　文化財害虫による資料の加害を防ぐためには，博物館施設内のどこに，どのような文化財害虫が，どの程度存在しているのかを知り，対策を取る必要がある。虫の生息調査は生物学，生態学などの分野や，身近ではビル等での公衆衛生管理などで広く行われている。博物館での代表的な文化財害虫のモニタリング方法にトラップ調査がある。トラップ（罠）を一定期間設置し，捕獲された虫の種類の同定，計数などを行う。さまざまなトラップ調査法があるが，博物館等では粘着トラップ，フェロモントラップを用いることが多い。

　粘着トラップは，粘着シートを一定期間床に設置し歩行性の虫を捕獲するもので，床を徘徊する虫全般を捕獲するトラップである。市販のゴキブリ捕獲を目的とした商品と同様であるが，施設外から虫を誘引するのを避けるため餌などが設置されていないものを使用する。一般的には，施設内の調査区画の四隅や壁沿いに3〜10m程度の間隔で設置されることが多く，2〜4週間程度の期間設置した後に回収する。トラップ回収後，捕獲された虫の種類と数を設置場所ごとに記録し，捕獲された虫の中に文化財害虫がいないか確認する。場合によっては専門の業者や機関に捕獲された虫の同定を依頼することもある。粘着トラップによる調査の目的は，トラップによって生息固体を減らすことが主ではなく，文化財害虫の早期発見や発生源の推定，どの区画にどのような虫がどの程度侵入，生息しているかといった生息密度を知ることによる施設の弱点や運用の問題点を推定することである。そのためには日常的にモニタリングし記録を保存することが重要となる。

　フェロモントラップは，粘着トラップに特定の虫を誘引する性フェロ

モン剤などを組み合わせたトラップである。対象となる虫以外は誘引されないので，粘着トラップ調査で特定の文化財害虫が捕獲された場合に追加的に用いられることが多い。博物館では文化財害虫であるタバコシバンムシ用やイガ用が用いられることがある。粘着トラップと異なり，積極的に特定の虫を誘引するため，屋外に近い場所に設置すると逆に施設内に誘引してしまうことがあるので，設置場所には注意が必要である。また調査の目的は，施設内の生息，分布の確認のほか，交尾阻害による個体数減少も含まれる。

（3） 殺虫処理

　殺虫処理と殺菌処理では使用する薬剤の種類やその濃度などが異なる。ここでは殺虫処理について述べる。害虫を殺虫，防虫するための殺虫剤や防虫剤などは一般に多く販売されているが，その薬剤成分が資料に変色などの影響を与える可能性がある。実際に誤った薬剤を使用した薬剤燻蒸では，薬剤成分と資料の顔料が反応し，不可逆的な変色等が起こってしまった事例もある。博物館で使用する殺虫剤や防虫剤は，一般的な資料の材質に影響が少ないことが確認されている，（公財）文化財虫菌害研究所の認定薬剤に限られる（**表4-3**）。また過去には燻蒸処理の作業中に火災，死亡事故なども起こっている。化学薬剤を用いた殺虫・防虫処理については細心の注意が必要となる。

　収蔵庫や展示室等に収蔵・展示されている資料を一括で殺虫する燻蒸処理では，コンクリート躯体で囲まれた範囲を密閉養生し，燻蒸剤ガスを投入，一定時間濃度を維持したのち，除毒排気を行う。また燻蒸庫やガスバリアシートによるテントで資料を密閉して行う小規模な燻蒸方法もある（**図4-1**）。気化した化学薬剤が資料内部まで浸透し，成虫，幼虫，卵を殺滅する。短時間で処理することができ殺虫効果も高いが，残

表4-3　文化財虫菌害研究所 認定薬剤（抜粋）

商品名	種別	形状	主成分の組成	申請会社（認定年月日）
パナプレート	樹脂蒸散性防殺虫剤	板状固体	DDVP，樹脂等	国際衛生（株）（昭和55年10月1日）
エコミュアーFTプレート	〃	板状固体	プロフルトリン	イカリ消毒（株）（平成18年11月6日）
ヴァイケーン	殺虫燻蒸剤	液化ガス	フッ化スルフリル，不活性物質	（株）スミコエアール（平成4年9月1日）
えきたんくん・ふくろうくん	殺虫剤・ファスナー付き気密性バッグ	液化高圧ガス	えきたんくん：二酸化炭素 ふくろうくん：アルミ蒸着複合強化ターポリン	日本液炭（株）（平成24年11月26日）
アルプ	殺虫殺菌燻蒸剤	液化ガス	酸化プロピレン（アルゴンで希釈して使用）	エア・ウォーター（株）（平成13年1月22日）
エキヒュームS	〃	液化ガス	酸化エチレン，1,1,1,2テトラフロロエタン	日本液炭（株）（平成13年5月15日）
バーカットMLA	文化財保護用ドア隙間対策用ブラシ	—	ブラシ台：熱可塑性エラストマー ブラシ毛：ポリプロピレン	（株）バーテック（平成28年6月21日）

文化財虫菌害研究所『文化財虫菌害防除薬剤一覧』（2024年10月現在）を参考に作成

図4-1 燻蒸庫を用いた化学薬剤燻蒸

効性はないため文化財害虫のゼロリセットの意味合いで使用される。また認定薬剤のうち，酸化エチレン，酸化プロピレンは特定化学物質第二類物質であり（労働安全衛生法施行令），爆発性がある。その他の薬剤も含め，燻蒸処理に当たっては十分な設備や技術を持った業者に委託する必要がある。なお燻蒸薬剤や希釈剤は温室効果など自然に与える負荷が大きく，世界的な動向として使用が禁止されることや，また製造者の都合により製造中止となる可能性もある。実際に表4-3の認定薬剤に記載のある酸化エチレンと代替フロンの混合剤は2025年3月31日に販売が終了となる（2024年10月現在）。適時，文化財虫菌害研究所の認定薬剤更新を確認する必要がある。

　化学薬剤を使用しない殺虫法もある。二酸化炭素殺虫処理は，密閉空間（燻蒸庫のほか，金属蒸着ファスナーバッグや大型テント）で二酸化

図4-2　低温冷凍庫を用いた低温殺虫処理

炭素濃度60％程度，25℃以上，2週間程度の処置で成虫，幼虫，卵を殺滅する。温度による殺虫処理では低温殺虫処理や湿度制御を伴う温風処理などもある。例えば低温殺虫処理では，資料を養生した上でビニールバッグなどに封入し，−20℃以下で2週間程度の条件で殺虫を行う（図4-2）。ただし資料は急激な温度変化にさらされるため，影響の少ない木材や藁で構成された民具，書籍などで行われることが多い。酸素濃度を低くし殺虫する低酸素殺虫処理では，ガスバリア袋に脱酸素剤と酸素濃度インジケータを封入密閉し，酸素濃度0.3％未満で3週間程度で処理する。

　化学薬剤を使用しない方法は，概して殺虫に要する時間が長く，極端な厚みのある資料については深部までの殺虫が難しい場合や，処理に適した材質が限られる場合もある。薬剤燻蒸，非薬剤処理のいずれも一長一短があるため，対象資料や施設設備などを考慮した上で，どの方法が最も適しているか，状況によって選択，判断する必要がある。

3．カビについての基礎知識

（1） カビとは

　カビは，菌類の一部を示す語で，一般的には菌糸を形成する糸状菌のことを指すことが多い。もともと微生物は自然界に多く存在しており，土壌1g当たり約$10^4 \sim 10^6$個のカビが存在するともいわれている。また屋外の空気には冬季でも1 m^3当たり$10^1 \sim 10^2$個程度，夏季には$10^3 \sim 10^4$個程度のカビ胞子が浮遊している。これらのカビが空気や塵埃，あるいは来館者の靴の裏の泥などとともに施設内に日常的に流入しており，施設内でのカビの一次的な発生源となる。つまり博物館内や資料表面には，目には見えないがカビが常在しており，その中で博物館活動が行われていることになる。

　カビは周囲の環境から栄養を吸収して生育し（従属栄養生物），胞子（一般的には1〜10μm程度の大きさ）を形成する（図4-3）。胞子は気流によって運ばれあらゆる場所に付着する。適度な水分と栄養分があれば胞子が発芽し，菌糸のかたまりとなり，ふたたび多量の胞子を形成する。場合によっては1個の胞子から数万〜数十万個の胞子を形成することもある。これらが二次的な発生源となり，気流や物の移動によっ

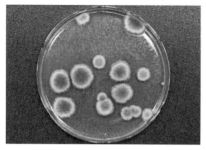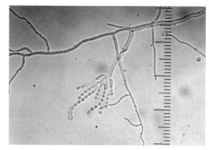

図4-3　培地上で培養したカビとカビの顕微鏡写真

てカビ胞子が施設に拡散することになる。博物館内において一次的，二次的な発生源によるカビが多く存在することは，それだけカビによる被害が発生するリスクが高いことになる。

　カビは低温環境や低酸素環境では成長が遅くなるが，死滅しない。他方，相対湿度を60%より低く保てばカビは生育しないことが知られている（**第3章 図3-2**）。カビが資料表面で生育する際の栄養分は，資料を構成する材料（紙，木材，絹，綿，麻，皮革，毛，糊，膠など）のほか，資料に積もった埃の中の有機物，カビの死骸，手垢や汚れなども含まれる。カビによる資料の被害には有色の分生子（胞子）や色素産生による着色，資料内部に菌糸が生長することによる物理的破壊，代謝物の有機酸などで紙などの材料が脆弱化する化学的影響がある。なお自然災害などで水損した資料については，通常の保存環境よりも水分が非常に多くなるため，カビだけでなく細菌の被害を受けることもある。

（2）　カビのモニタリング方法

　博物館等でモニタリングの対象となるカビの状態は，空間に浮遊する胞子等の浮遊菌と，壁面等に付着・繁殖している付着菌の2つに大別される。浮遊菌の測定値は瞬間値としてその空間の微生物環境を，付着菌は積算値として表面の微生物汚染度を示すものと捉え，個別の指標として扱う必要がある（**図4-4**）。

　空気中に浮遊しているカビ胞子等の測定には，落下菌測定，浮遊菌測定，バイオエアロゾル測定などがある。

　落下菌測定は，寒天平板培地を一定時間開放し，時間当たりに自然落下した菌数（CFU：Colony Forming Unit［コロニー形成単位］）の計数と，その菌叢を比較する。安価で測定を行うことができるが，培養を必要とするため，結果を得るまでに数日から数週間かかることがある。

第 4 章　博物館の IPM：総合的有害生物管理

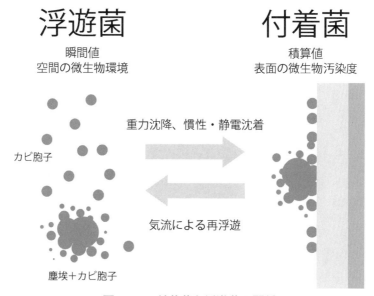

図 4-4　付着菌と浮遊菌の関係

気流の影響を大きく受けることなどから半定量的であり，異なる環境での測定値を比較することにはあまり向いていない。例えば収蔵庫のような比較的空気が攪乱されない場所において毎年数回，決まった時季に測定を行うことで，長期的な環境の変化を検知することに利用できる。浮遊菌測定は，エアサンプラーによって空気を捕集し，培地に吹き付け，吸引空気量当たりの菌数（CFU/m^3）とその菌叢を比較する（図 4-5）。培養を必要とするため，落下菌測定同様，結果を得るまでに時間を要する。ある程度の測定誤差はあるが定量性があり，別の区画との菌数，菌叢の比較に向いている。

　付着菌の測定方法には培地接種法と，近年では ATP ふき取り検査を用いることもある。培地接種法では，スタンプ培地で直接対象に接触させる，または滅菌綿棒やフィルムなどで対象を拭き取り培地に接種する

図4-5　浮遊菌測定風景

方法で，測定面の生菌数（CFU）と菌叢についての情報が得られる。拭き取り面積当たりの菌数により多寡を比較することもある程度可能であるが，測定値が大きくばらつくことも多い。また培養を必要とするため結果を得るまでに時間を要する。非常に簡易にまた直接的に表面のカビを評価することができる。食品衛生などで利用されているATPふき取り検査を活用して保存環境における付着菌を測定することもある。試薬付きスワブで一定面積を拭き取り，真核生物の細胞に含まれるATPを抽出・蛍光させ，その発光量（RLU: Relative Light Unit［相対発光量］）を専用の小型機器で測定することで微生物汚染度を評価する（図4-6）。ATPは細胞の死滅とともに速やかに加水分解されるため，測定条件によってはカビの活性や生死判定ができる。1点につき十数秒で結果が分かるため短時間で多くの場所について測定できるが，カビを培養するわけではないため菌種や菌叢は分からない。

図4-6　ATPふき取り検査風景

(3) 殺菌処理

　殺虫処理とは異なり，いったん発生してしまったカビの殺菌には，化学薬剤を用いる方法しかない。収蔵庫や展示室の壁面などの施設にカビが大量に発生した場合や，多くの資料にカビが発生した場合などには，文化財虫菌害研究所の認定薬剤によって殺菌燻蒸が行われる（**前掲表4-3**）。部分的なカビ被害の場合には日本薬局方消毒用エタノールによって消毒処置されることもある。ただし消毒用エタノールは80vol％程度であり，残りの20％程度は水であるため，換気の悪い場所で大量に使用すると室内の相対湿度が上昇することになるので注意が必要である。また資料が存在しないバックヤードなどの場合には，一般の建築用の殺菌剤や防カビ剤による処置などが行われることもある。美術作品の場合には，修理技術者によって個別にカビの除去，エタノール等による殺菌処置が行われる。

　いずれの処置も多量のカビ胞子を100％死滅できるとは限らず，環境が整えばカビが再発生することがある。またカビ被害が発生してしまうと処理により資料に負荷がかかることや，多大なコストがかかるため，

長期間相対湿度が60%を超えないよう保存環境の湿度を維持し，カビが大量発生しないようにすることが肝要である。

４．博物館における文化財 IPM

（１）　日本における生物被害対策の歴史

　日本の気候，風土は生物被害を受けやすい環境であることから，社寺の宝物や蔵に保管されていた書籍，衣類などをはじめ，収蔵物の保管に当たっては，生物被害対策，蒸れ対策が中心であった。日本では古来より，年に一度夏に収蔵されていた宝物や衣類などを取り出し，広間で広げて風を通す曝涼により，収蔵物の点検とともに害虫やカビによる生物被害を防いできた。現在でも正倉院をはじめ曝涼を行っている社寺もある（本田2011）。

　1960年代になると，博物館等では年に一度，化学薬剤による定期的な大規模ガス燻蒸が行われるようになった。このとき国内で広く使用されていた燻蒸剤は臭化メチルと酸化エチレンの混合剤であった。しかし1995年に臭化メチルは，オゾン層破壊物質として2005年までに全廃することとなった（オゾン層の保護のためのウィーン条約／オゾン層を破壊する物質に関するモントリオール議定書）。そのため国内の博物館等では，定期薬剤燻蒸のみによる生物被害対策から，IPM（Integrated Pest Management: 総合的有害生物管理）の導入が図られるようになり，現在に至っている。

（２）　IPM の定義

　かつて農業分野では，大量の農薬が使用されてきたが，耐性を持った害虫が現れたり，人体，環境への負荷が大きいことなどから，農薬のみに頼らない生物被害対策が求められた。その中で1960年代に IPM とい

う考え方が提唱され，「あらゆる適切な防除手段を相互に矛盾しない形で使用し，害虫密度を経済的被害許容水準以下に減少させ，かつ低いレベルに維持するための害虫個体群管理システム」（FAO: Food and Agriculture Organization of the United Nations 1965）と定義づけられた。単独では効果が劣る防除手段であっても，適切な他の防除法と組み合わせることによって，防除が可能になるといった考え方である。

博物館でIPMを導入するに当たっては，「博物館・美術館・資料館・図書館・公文書館等の建物において考えられる有効で適切な技術を合理的に組み合わせて使用し，文化財害虫がいないこと，カビによる目に見える被害がないことを目指して，建物内の有害生物を制御し，その水準を維持する」と定義されている（三浦編2014）。先に挙げた化学薬剤，非化学薬剤による害虫やカビの殺滅だけでなく，清掃による衛生管理やゾーニングによる施設管理，害虫やカビのモニタリング，職員による監視体制の構築など，さまざまな手段を合理的に組み合わせることで，予防的に生物被害を抑制する（東京文化財研究所2018）。

（3）　文化財IPMにおける5段階のコントロール

さまざまな防除手段を矛盾なく組み合わせていくためには，実行する手段の順番が重要であり，文化財IPMにおける5段階のコントロールと呼ばれる（図4-7）（Strangほか2009）。

まずは外部や隣接区画から害虫を誘引するものや，カビを施設内に流入させるような行為を除去することから始める（①回避）。その上で施設内に侵入，流入する経路をふさぐ（②遮断）。この状況においてトラップや浮遊菌調査などによって①回避や②遮断の効果を確認する（③発見）。このとき，回避や遮断の効果が認められるのであれば回避や遮断に戻り現状の環境の維持に努める。逆に異常が発見された場合には，

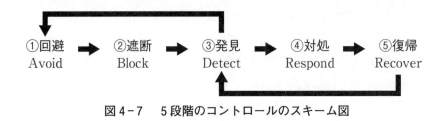

図4-7　5段階のコントロールのスキーム図

薬剤処置を含め合理的に処置する（④対処）。③発見は，環境を維持するか対処が必要かを判断する分かれ目になるため重要となる。合理的な処置によって環境が改善されたことを確認した上で元の施設運用に復する（⑤復帰）。

例えば，従来の定期的な薬剤燻蒸は④対処に当たるが，害虫を誘引する餌が館内に残置されていたり，屋外につながるドアの下に隙間があるなど，①回避や②遮断を行っていなければ，またすぐに害虫が施設内に侵入するなど，薬剤燻蒸の意味がなくなってしまう可能性もある。博物館における文化財IPMではスキームにのっとった合理的な防除の進め方が重要である。

（4）　5段階のコントロールと防除手段

5段階のコントロールのスキームに従った防除手段について，施設管理と資料管理では異なる点が多いため，以下にそれぞれについて考え方や具体的な防除手段を示す。

［施設管理］
①回避

パブリックエリアや事務室等の定期清掃が基本となる。定期的な収蔵庫清掃や常設展メンテナンスは異常の早期発見にもつながる。また飲食

可能なエリアと展覧会場，収蔵区画等の区画を明確にし，ゾーニングすることで資料に害虫やカビが近寄らないようにする。生花など害虫が隠れていたり，誘引したりするものの持ち込みを制限することや，不用意に施設内の照明が屋外に漏れないよう遮光すること，不必要な施設のライトアップを避けることなども有効である。

②遮断

害虫はわずかな隙間があれば侵入してしまう。また屋外の浮遊菌は隙間風によって施設内に流入する。エントランスや通用口などの扉下部に隙間があるようならば，スポンジやブラシなどによってふさぎ，密閉度を高める。収蔵庫の扉や屋外からの空気とともに害虫が侵入しないように，エントランスには風除室，トラックヤードには屋内側と屋外側にシャッターが2重に設置されていることが多い。これらの扉やシャッターを同時に開放しないように設備運用する必要がある。収蔵庫に入室する際には，粘着マットを設置したり収蔵庫専用のスリッパに履き替えたりするなど，塵埃を持ち込まないようにすることも遮断に当たる防除手段と考えられる。

③発見

文化財害虫については，粘着トラップによる文化財害虫調査を継続的に行って記録を蓄積し，建物の弱点の把握や異常の早期発見，対策後の改善効果などを評価する。また屋外の虫が増加する季節にはエントランスやトラックヤードなど屋外に近い区画を頻繁に目視点検することも異常の早期発見につながる。学芸員だけでなく，事務職員や清掃員，監視員など多くの目で日常的に施設内の害虫に注意し，施設内で害虫等を発見した場合の連絡体制を確立しておくことも有効である。

カビについては，ゾーニング各区画で定期的に浮遊菌測定を行い，浮遊菌濃度，菌叢の傾向を把握する。屋外の空気が流入しやすい区画は，

夏に浮遊菌が増え，冬に減少するため，年に1回の浮遊菌測定であれば毎年季節を決めて実施する必要がある。またカビは空気の流れによって拡散するので，風向・風量測定と組み合わせることで，カビ被害が発生した際の拡大方向を推定できる。

④対処

文化財害虫が発生した資材（段ボールや綿布団など）を撤去するなど発生原因の撤去や死骸等の清掃をした上，必要があれば殺虫，防虫処理を行う。博物館資料が原因である場合には，他の資料に被害が拡大しないように隔離し，自館で取りやすい方法で個別に殺虫処理を行う。

施設の壁や物品などにカビが発生した場合には，消毒用エタノールで除菌，クリーニングし，その区画については空調や除湿機などによって低湿化を図る。外気由来のカビが原因の場合，外気の流入を減らさなければせっかくの対処も効果が薄くなってしまうため，外気流入を減らす対策（気流管理）が必要となる。資料にカビが発見された場合，特に美術工芸品の場合には，作品を傷めてしまうことがあるので，修理技術者にカビの除去を依頼することが望ましい。

⑤復帰

トラップ調査，浮遊菌測定，温湿度測定，気流確認などにより，施した対策の効果を検証した上で，元の施設利用・運用に戻す。効果が薄い場合には別の対処方法の検討，改善の見込みがない場合には施設利用，運用そのものを変更し改めて回避，遮断を行う。

［資料管理（新規収蔵資料への対応）］

①回避・②遮断

資料の寄贈などの場合には寄贈元の環境を聞き取り，あらかじめ館内で搬入時の仮保管場所や対応を協議しておく。必要であれば移動前に現

地でクリーニング（事前処置）をしておく。資料によっては，虫菌害の拡散防止のため，ビニール等で梱包して仮保管する。

③発見

目視点検による虫害痕や脱皮殻，フラスなどの点検を行う。カビについては目視点検のほか，培地への接種，ATPふき取り検査などを行い生菌の有無を調査する。

④対処・⑤復帰

明らかに文化財害虫が生息していたり，量的，構造的に目視での資料点検が困難であったりする場合は，適切な方法で殺虫処理を行う。また明らかにカビが発生していたり，活性の高い生菌が検出されたりする場合は殺菌処理を行う。資料が塵埃等でひどく汚れている場合，資料の種別，状態によってはドライクリーニングや虫干しを行う。

（5）　博物館における文化財 IPM の留意点

博物館が置かれた周辺環境や施設設備，展示・収蔵資料の分野・種別，博物館の活動内容や運営方針，選択可能な生物被害への対処方法など，各施設で生物被害リスクや可能な対策が異なるため，どのような防除手段によって文化財 IPM が実行できるかそれぞれの博物館で考える必要がある。過去の化学薬剤による定期燻蒸に頼った生物被害対策とは異なり，どの博物館でも実行できる定まった方法があるわけではない点に注意が必要である。また防除手段一つ一つの効果が高いとは限らないが，合理的に組み合わせることで最終的な生物被害リスクを低減できるため，できるだけ多くの防除手段を確保しておくことが重要となり，また柔軟な博物館活動を可能にする。

5．まとめ

　日本は虫菌害が発生しやすい気候であり，古くから収蔵品への手当てが行われてきた。現在は多くの博物館等で文化財 IPM が導入されてきており，日常的な施設管理等による生物被害対策が行われている。それまでの定期的な薬剤燻蒸のようなルーチンではなく，各館が置かれた気候風土や施設設備の状況によって実施できる防除手段や順序を考える必要がある点に大きな違いがある。

　なお，現在多くの博物館等で課題となっている収蔵スペースの不足からくる，過密な資料配架や床置きなどや，近年の異常気象による高温や局所的豪雨などによるカビ被害など，生物被害のリスクは以前より増しているようにも考えられる。生物被害はいったん大発生すると，その対処には多大な人的・金銭的コストがかかるだけでなく，資料・人・環境への負荷も大きくなる。生物被害の早期発見や施設内の弱点を把握することで，被害が大きくならないよう日常的に施設管理を行っていく必要がある。

参考文献

小峰幸夫『文化財害虫概説 2』（文化財虫菌害研究所　2010）

東京文化財研究所『文化財害虫事典 2004年改訂版』（クバプロ　2004）

三浦定俊・佐野千絵・木川りか『文化財保存環境学（第2版)』（朝倉書店　2016）

文化財虫菌害研究所『文化財虫菌害防除薬剤一覧』
　https://www.bunchuken.or.jp/chemical/（2024年2月27日アクセス）

『労働安全衛生法施行令（昭和47年政令第318号)』「別表第三 特定化学物質 二 第二
　類物質」

本田光子『曝涼・曝書と文化財 IPM』（文化財虫菌害研究所　2011）

三浦定俊編『文化財 IPM の手引き』（文化財虫菌害研究所　2014）

東京文化財研究所『文書館・文化財展示収蔵施設における「生物被害対策」』（2018）

『文化財収蔵施設・文書館等におけるカビの制御—カビ被害の予防と発見—』（東京
　文化財研究所　2017）

T. Strang and R. Kigawa: *Combatting Pests of Cultural Property, Technical Bulletin
29*, 2009

5 | 博物館資料の収蔵方法

和田　浩

《目標＆ポイント》　本章では博物館資料の収蔵に不可欠な収蔵庫とその運用
について解説する。収蔵庫の構造や環境保全の工夫，防災，防犯の機能につ
いて説明するとともに，資料の保管と配架の実際，これからの収蔵庫のあり
方について実例を交えて解説する。
《キーワード》　収蔵庫，収蔵環境，温度湿度，防災，防犯，配架

1．収蔵環境の重要性

　博物館の中心的役割の1つに，資料の収蔵がある。資料の収蔵は，コ
レクションの管理と保存における不可欠な役割として位置づけられるも
のであり，文化遺産を次世代に伝えるための基盤となる。収蔵庫とはそ
のために必要な施設である。博物館活動に伴い，資料は収蔵庫から展示
室へ輸送され，陳列期間終了後に展示室から収蔵庫へ輸送されるという
運動を繰り返す。つまり，博物館活動に伴い，資料が接する環境につい
て考えた場合，収蔵環境，展示環境，輸送環境が3つの重要な環境とし
て位置づけられる。中でも，収蔵環境は博物館資料が最も長く接する環
境である。資料との接触時間が長いということは，多様な劣化現象が発
生しうることを意味する。長期的にゆっくりと進行する劣化から，短期
的に進行する劣化まで，収蔵庫内では全ての劣化現象が発生する可能性
が存在する。したがって，構造，機能，設備全てにわたり資料保存の観
点から細部まで配慮した収蔵庫を作り上げる意識が非常に重要となる。

例えば，収蔵庫に用いられる部材から有害ガスが揮発していた場合，それがわずかな量であっても極めて長期間資料と接触しているために，資料の素材と緩やかな腐食反応が進行し，ある日大きな損傷として発見されることもある。あるいは，収納棚の地震対策がおろそかになっていたために，地震発生時に一瞬で収納されていた資料が落下し，損傷することもある。もちろん，あらゆるリスクをゼロにすることは不可能ではある。しかし，収蔵庫という特性を踏まえた上で可能な限りの劣化予防策は講じることができる。本章では具体的事例に触れながら，博物館資料の収蔵方法という観点から資料保存を考える。

2．収蔵庫の構造と環境

（1） 収蔵庫の構造

　収蔵庫は博物館建築物の中でどのように位置付けられるかを図示したものが**図5-1**である[1]。

　図5-1は最外部から，建物外壁，収蔵庫の内壁，収納棚，保存箱，梱包資材，を経て博物館資料にたどり着く構造を示したものである。収蔵庫の存在によって多層的に資料が保護されることがよく理解できる。多層的に保護されるということは，後述する温度湿度の安定化，有害生物の侵入防止，保安性の向上，といった資料の劣化を抑制する点においてはプラス要因となる。他方，幾重もの壁面で囲まれた奥深い場所に収蔵庫が所在するため，当然ながら学芸員の日常業務におけるアクセスの利便性は低下する傾向となる。

　収蔵庫の構造としては，文化庁が「庫内の安定空気をできるだけ外部へ逃がさない高気密・高断熱構造を基本として必要最小限の換気・空調設備にて庫内の保存環境を制御する方式を新たな選択肢」とした設計指針を掲げている（**図5-2**；『文化財（美術工芸品）保存施設，保存活用

---

[1]　https://www.nps.gov/museum/publications/MHI/CHAP7.pdf より許可を得て転載（2024年2月7日アクセス）。

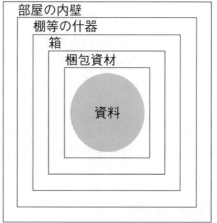

図5-1 博物館建築物内における収蔵庫の位置づけ[2]

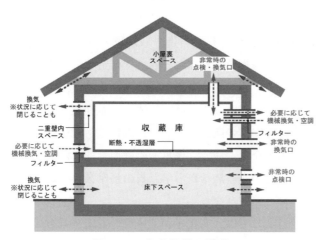

図5-2 収蔵施設の構造

---

[2] Multi-layered Protection of An Object. Courtesy, U.S. National Park Service, Museum Management Program Published in the NPS Museum Handbook, Part I: Chapter 7: Museum Collection Storage

施設設置・管理ハンドブック』[3]）。

図5-2からは建物外壁と収蔵庫内壁との間に存在する2重壁内スペースが庫内環境の安定化に寄与する存在であることがよく分かる。多層的な保護構造で文化財を保管する原則は国際的に共通する考え方である。

（2）　温度と湿度の管理

　前述した3つの博物館環境（収蔵環境，展示環境，輸送環境）の中身を分解すると，環境因子に行き着く。環境因子とは，環境を数値で表現できるものであれば基本的にはどのような指標でもなり得るが，博物館環境に密接な環境因子となればかなり限定される。おおむね「温度」「湿度」「照度」「有害生物生息数」「汚染物質濃度」「振動・衝撃の加速度」といった環境因子に注意していれば，安全な博物館環境は構築可能である。これらの環境因子の中でも，温度と湿度（温度湿度）は極めて重要な環境因子に位置づけられる。収蔵環境においても，まずは温度湿度を安全な範囲に制御することを目標として管理することになる。

　収蔵庫として目標とする温度湿度の基準値は展示室の基準値と同じであるが，変動幅を最小限度に抑制する各種の工夫が収蔵庫には施されている。前項（1）で言及した2重壁内スペースで庫内空間が囲まれることにより空気層が生まれ，外部からの熱が伝わりにくくなる。また，内壁には断熱層，不透湿層を設けることで庫内の温度湿度がより一層安定化する。さらに2重壁内スペースと庫内の双方を別系統の機器で機械空調制御する場合もある。

　また，機械空調停止の時間帯であっても庫内の湿度環境を維持できるように，天井や壁面全体に調湿パネルを設置する施工も有効である（図5-3）。

---

[3]　https://www.bunka.go.jp/seisaku/bunkazai/hokoku/pdf/setchi_kanri_handbook.pdf（2024年2月7日アクセス）

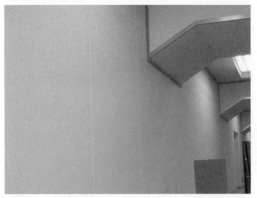

図 5-3　調湿パネルで覆われた収蔵庫の壁面と天井

図 5-4　空調の吹き出し口

図 5-5　ソックダクト

　内容積の大きな収蔵庫を空調で制御する際，空調機器からの空気の吹き出し口（図 5-4）から高い風速で空気が吹き出すことがある。また庫内温度に対して大きく低温または高温の空気である場合も多い。したがって，空調機器からの風が直接当たるような吹き出し口直下に資料を配置しないよう注意が必要である。この問題を根本的に解決するための手段として，ソックダクト方式の採用は非常に有効である（図 5-5）。

ソックダクト方式では，布製のダクトを天井に設置して，そこに空調機器からの空気を送り込む。ダクトが布製であるため，ダクト全体に細かな空隙が存在し，空気がダクト全体から染み出るように庫内に送風される。したがって総風量としては変わらないが，風速としては低くなり，局所的に強い風が吹き出さない。点ではなく，面で緩やかな風が均一に届けられるというイメージが分かりやすい。

（3） 防災

　収蔵庫は多数の博物館資料が密集した空間であるため，リスクが集中した空間であるとも表現できる。収蔵庫が破壊されると多数の博物館資料が一挙に消滅し，博物館としては最大の損失を被ることになる。地震，火災，水害，その他の自然災害から資料を守るための適切な設備を備えておく必要がある。博物館の立地条件によって考慮すべき自然災害の種類と規模は異なるが，災害が多発している近年の状況から考えると対策が不要な災害は存在しない前提で設備を設計するのが望ましい。

① 地震対策

　地震による被害で最も大きいものは落下による被害である。収蔵庫内で発生し得る資料の落下とは，ほぼ収納棚からの落下を想定することになる。免震建築物でなければ，地震発生時に収蔵庫も地上と同様に激しく揺れる。収納棚に扉がなければ，棚板から資料が滑り落ちる可能性は極めて高い。そこで棚に落下防止策を講じることになるが，対策方法はさまざまなものが存在する。

　既存の棚に追加して対策が可能なものとしては，ひもの設置（図5−6），ベルトの設置（図5−7），板の設置（図5−8），ネットの設置といった実例がある。これらは棚を新規に製作することなく，対策を講じ

図5-6　落下防止対策（ひも）

図5-7　落下防止対策（ベルト）

図5-8　落下防止対策（板）

図5-9　落下防止対策（金網）

られるという点でコスト的にも優れた手法である．ただし，資料の搬出入時にはこれらの落下防止用器具の取り外しと設置という軽微ではあるが追加の作業が生じる．

　一方，新規に収納棚を設計する場合，落下防止対策として近年よく用いられるのが収納棚に金網戸状の扉を設置するという手法である（図5-9）．

　扉付き収納棚は従来から存在するものであるが，資料が激しく接触した際に，ガラスが破損し，ガラスが失われた部分から資料が落下する危険性がある．その弱点を補う手法として金網戸付き収納棚が採用される事例が多い．ただし，このタイプの収納棚は気密性が劣るため，収納棚

図 5-10　収蔵庫天井の照明器具に取り付けた落下防止用ネット

図 5-11　収納棚同士の連結

内部で環境を整える目的には不向きである。

　このようなガラスの破損というリスクを軽減する目的では，既存のガラス部分に飛散防止フィルムを貼り付けても同様の効果が得られる。また，扉付きの収納棚を新調する場合にガラスよりも割れにくいアクリル板を採用するのも効果的である。

　地震による激しい揺れを受けて，天井から照明器具が落下することを防止するために，照明器具には落下防止用ネットを設置しておくのがよい（図 5-10）。

　収納棚から資料が落下しなくとも，収納棚自体が転倒してしまうと大きな損傷を招いてしまう。収納棚同士の連結や収納棚と建物壁面等の躯体との連結をしておくことで，収納棚の転倒防止に効果的となる（図 5-11）。

② 火災対策

　火災発生時に学芸員として対応可能な段階は消火器を用いた初期消火のみである。消火という観点から学芸員ができる行動は極めて限定的で

あることを知っておく必要がある。火災が進むと避難経路が一瞬で失われてしまう。まずは現場から退避することを心がけて行動せねばならない。特に収蔵庫はセキュリティの観点から庫内へたどり着くには複数の手順や開錠を必要することから火災現場への到着が遅くなることが予想される。収蔵庫の火災対策としては，いかに早期に火災を検知するか，通報できるかが鍵となる。そのために，熱探知機，煙探知機といった各種の火災センサーと，非常通報装置の設置を設計時点で計画しておく。ただし，熱探知機や煙探知機は，センサーが熱や煙を検知して初めて警報が作動する原理であり，ある程度火災が拡大した時点で検知するものであることには注意が必要である。

　収蔵庫内で業務に用いる機材が設置されている場合には，通電中の機材からの発火リスクを念頭に置かねばならない。湿度管理のためにポータブルの除湿器や加湿器を稼働させている場合，機材の消費電力容量と設置台数が電気系統に負荷を与えないか，使用している延長コード類の配線の接続部分など稼働前に検討する必要がある。長期間稼働させている機材ほど，電源コンセント部分が緩み，そこにほこりが堆積し，ショートが発生するといったリスクが高まる。電気火災は収蔵庫内で最も生じる可能性の高い火災であると考えてよい。電気火災を予防するためには，収蔵庫内には常時通電している機材を最小限度にとどめておくのが望ましい。防災や通信系統といったインフラ以外の設備は特に出勤者の少なくなる閉館後は電気の供給を遮断しておくと火災のリスクは軽減する。収蔵庫を出る際に，施錠とともに電源供給を遮断する手順を組み込んでおくのも，防災対策を習慣化する点においては効果的である。

　不幸にも火災が発生した場合の備えとしては，初期消火に必要な携帯型消火器の配備，消火栓の設置（図5-12）やガス消火設備の導入といった設備が挙げられる。火災は大規模な資料の消滅につながる災害で

図5-12　消火栓からの放水

あるため，早期に消火することをまずは目的とする必要がある。一方で，博物館資料という特性上，粉末消火剤や水による消火で資料が汚損してしまうリスクも考慮する必要がある。消火栓やスプリンクラーによる消火は即効性に優れるが，水損のリスクという観点から日本国内では博物館施設には積極的に導入されていない。ガス消火設備はそのような懸念材料を補うことのできる設備である。現在は，ハロン，二酸化炭素，窒素といったガスを用いた消火設備が博物館でよく用いられている。ただし，スプリンクラー等による消火設備を導入した場合であっても，資料の保存箱への収納や収納棚の工夫で防水対策は講じられる。いずれにしても，設置されている消火設備の特性を十分に把握し，消火設備の種類に応じた収納方法を整えることが必要である。

③ 水害対策

　地下に収蔵庫を設置する場合には，博物館施設の立地条件を確認し，床面のレベルが付近の水源のレベル以下になっているかどうかで大雨の

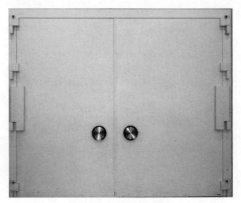

図 5-13 耐火扉

際の浸水リスクは大きく異なる。また，河川等に隣接していない場合であっても，都市部では内水氾濫による浸水リスクも存在する。2019年10月12日に首都圏を直撃した台風19号による大雨の影響で，川崎市民ミュージアムの収蔵庫が浸水被害を受けたのはその一例である。多摩川の水位が計画高水位を超えたことで，雨水などを川に流す放流渠から多摩川へ排水される量が減り，その結果，自然排水区域内にある地盤高の低いマンホールなどから溢水し，内水氾濫が発生した。その水が川崎市民ミュージアムの地下に設けられた収蔵庫を直撃してしまった。自治体が調査したハザードマップ等の情報を参照し，博物館の立地が浸水想定域であればあらかじめ対策を講じておく必要がある。収蔵庫の扉を耐火扉にした場合，気密性と強度が向上するため，浸水予防の効果が上がる（図 5-13）。止水板や，複数層の防御壁といった対策も考えられる。一方，地下に設置した収蔵庫は日射等による外気の気候影響を受けにくく，温度湿度管理という点では比較的制御しやすく，空調機器の故障等に対する強靭性を持っている。また，地上の展示室やパブリックスペースを

なるべく広く確保するという点においても優位性がある。

④ 災害発生時の対応

　緊急時における資料の保護と安全な避難のための計画を平時のうちに立案しておくことが望ましい。BCP（Business Continuity Planning）の制定，緊急連絡網の整備，非常時の指揮系統に関する取り決めはもはや必須の事項である。さらに，大規模災害が発生すると，被災館単独では対応できない場合が多い。地域の博物館施設で有事の際の協力体制を決めておき，非常時に相互に協力し合うネットワークの構築が初動時に非常に役立つものとなる。

　自然災害であっても人的災害であっても博物館施設としては，人命の救出を最優先として，職員が対応に当たることを忘れてはならない。

（4）　防犯

　盗難による被害の防止つまり防犯については人的，機械的な両側面からの対策が重要である。人的側面においては，収蔵庫へつながるバックヤード経路に立ち入ることのできる職員をあらかじめ設定しておく，職員のアクセスレベルについてのルールが定まっている必要がある。古典的ではあるが，外部と通じる施設内の出入口では職員証 ID の確認を第一のチェックポイントとし，外来者と明確に区別する仕組みは，不特定多数の外来者がその手続きを経験することにも意味がある。そうしたチェックが存在しない場合，その施設のセキュリティレベルに関する実態が外部に拡散すると，施設はその瞬間から突然大きな脅威と直面することになる。電子錠であれば各自が携帯する IC カードの権限範囲を定めておく必要があり，定期的にカードの所在確認や使用履歴を確認することが望ましい。物理錠であれば，鍵の保管場所，保管場所へのアクセ

ス権限，鍵の出納管理のルール，といった内容を厳密に決めておくべきである。物理錠の場合には特に，作業後の施錠忘れ，鍵を携帯したままの外出，鍵の紛失といった事故を回避する方法を施設内で十分に協議してルールを制定しておく必要がある。

　機械的側面においては，防犯センサー，監視カメラによる機械警備の徹底が挙げられる。開館日の日中は複数の職員が在席しているため，ある程度のレベルの防犯体制はおのずと存在している。一方で閉館後の夜間は，特に常駐警備職員がいない施設の場合，機械警備に全面的に依存せざるを得ない。防犯センサーについて，例えばAAM（米国博物館連盟）が用いているファシリティレポートのフォーマットには，マグネットセンサー，マイクロ波センサー，光電センサー，赤外線センサー，超音波センサー，圧力検知マット，音波センサー，閉回路監視カメラ，ガラス破壊センサー，水検知装置，といった防犯センサーの有無に回答する項目が存在する。防犯センサーが抑止力になることは間違いないが，あくまで犯罪行為の初動を検知する機能でしかない。センサーが反応した際には，収蔵庫の現状確認等，迅速に次の行動につなげることが重要である。

3．資料の保管と配架

（1）　効率的かつ安全な配架方法

　効率的かつ安全な配架方法の実現には，資料の保護とアクセシビリティのバランスを取ることが重要となる。資料によっては，特別な支持体や保護カバーが必要になることもある。効率的に収納するためによく用いられるのが集密棚方式である。集密棚は図書館の書庫でよく見かけるが，博物館資料用にはそのシステムを応用しつつ，資料形状に合わせてカスタマイズしたものが用いられる（図5-14, 15）。

第 5 章　博物館資料の収蔵方法 | 87

図 5-14　油彩画の集密棚

図 5-15　屏風の集密棚

(2)　日常的作業に配慮した配架

　収蔵庫内では資料の搬出入に関わる作業が必ず発生する。資料のサイズ，資料の重量，資料の形状といった要素は，その作業規模に影響するため，それらの要素に応じて適切な位置に配架する必要がある。例えばサイズの大きな資料を収納棚の奥へ配架することや，重量の大きな資料を収納棚上部に配架することは，搬出入作業のたびに資料が損傷リスクにさらされてしまうことになる。また，頻繁に陳列するような資料は収蔵庫内でも取り出しやすい場所に配架しておくなど，日常的な作業性を考慮した配架が必要である。資料によっては搬出入作業にハンドリフト等の特殊な器具を用いる場合も多く，そうした器具が収蔵庫内で安全に移動できるような経路を確保しておくことも必須である。

　そして，どこにどの資料が収納されているのか，資料の登録番号と資料の位置がひも付けられたデータベース（台帳）で管理することで，資料の紛失といった事故を回避することにもつながる。

４．これからの収蔵庫に関する事例

（1） 持続可能性と収蔵庫

　地球環境の保全のため，エネルギー効率の向上と博物館資料保存の両立が収蔵庫にも求められている。科学博物館グループ（イギリス）の新しいコレクション収蔵施設の設計においては，環境への影響を最小限に抑えることに重点を置いている。建物のエネルギー効率を最大化するために，建築素材の選定を慎重に行っている。設計段階では特に断熱や気密性に重点を置き，建物の素材がどのように機能するかが考慮された。環境管理の方針として，湿度制御を重視した上で，空調機器による温度制御および湿度制御に依存することを最小限に抑えている。施設屋根部分には太陽光パネルが設置されており，再生可能エネルギーを供給しているほか，バイオマスボイラーを使用した暖房システムが導入されている。博物館の収蔵庫としてもネットゼロカーボンビルを目指すための取組み事例として挙げられる[4]。

（2） シェアリングとリスクヘッジ

　ルーブル美術館（フランス）は，60カ所に分散していた収蔵品を，洪水リスクが高い地域から安全な場所に移動するために，2019年にフランス北部のリエヴァンにルーブルコンサベーションセンター（Centre de conservation du Louvre）を建設した。この施設は約6,000万ユーロの投資を受け，美術館のコレクションの保全と，デジタル時代における運営の維持を目的としている。2024年までに，約25万点の作品を収容する予定で，ヨーロッパ最大級の保存・研究センターの1つとなる。

　センターは，作品の保存処理と研究，学術研究に特化したスペースを備えており，単なる収蔵空間ではなく，美術専門家が研究者やアカデ

---

[4]　https://www.sciencemuseum.org.uk/objects-and-stories/our-environment/sustainable-building（2024年2月7日アクセス）

ミックと連携して作品の研究や研究参加，トレーニングを行う作業スペースとしても設計されている。さらに，国際法に基づき，武力紛争中の国々からの作品を保管する役割も果たすものである[5]。

（3） オープンアクセス

ロッテルダムのボイマンス・ヴァン・ベーニンゲン博物館（オランダ）がミュージアムパークの中心に設置した「デポ（Depot）」と呼ばれる鏡張りの建物は，世界初の一般公開可能な芸術収蔵施設である。この施設は，博物館の典型的なモデルからの脱却を試みる革新的な取り組みとして注目されている。展示用の収蔵庫ではなく，学芸員が日常業務を行うフィールドである収蔵庫をガラスを隔てて来館者が見学できるというスタイルは斬新かつ画期的である。このような博物館のバックヤード内の動きを認知してもらうことで，資料が博物館学芸員だけのものではなく，共有された財産であることを来館者が意識するきっかけになると考えられている（図5-16, 17）[6]。

図5-16　デポの外観

図5-17　デポの内部

---

[5] https://www.louvre.fr/en/the-louvre-in-france-and-around-the-world/the-louvre-conservation-centre（2024年2月7日アクセス）

[6] https://www.boijmans.nl/en/depot/about-depot（2024年2月7日アクセス）

5．まとめ

　本章では，博物館資料の収蔵に関わるさまざまな側面について詳細に解説した。特に，収蔵庫の構造，環境管理，防災，防犯，そして効率的かつ安全な配架方法に焦点を当て，これからの収蔵庫のあり方についても実例を交えて説明した。

　収蔵庫の役割は，博物館資料の長期的な保全にある。資料が接する環境として最も長時間を費やす場所である収蔵庫は，多層的な保護機構を備え，温度湿度の安定化，有害生物の侵入防止，保安性の向上などを目指して設計されている。また，資料の種類や特性に応じた適切な配架や保管方法が求められ，効率的な収納とアクセシビリティのバランスが重要となる。

　防災・防犯対策においては，火災，地震，水害など，さまざまなリスクへの対応策が重要となる。これらの対策は，資料の損傷を最小限に抑えるだけでなく，災害発生時の迅速な対応を可能にする。

　現代の収蔵庫には，持続可能性の観点から，エネルギー効率の向上や環境への影響を最小限に抑える設計が求められている。太陽光パネルの導入，断熱や気密性の向上，湿度制御の重視など，環境保全に寄与するさまざまな取り組みが実践されている。

　最後に，博物館の資料収蔵庫の未来のあり方に関しては，持続可能性，シェアリング，オープンアクセスの観点から事例を紹介した。これらの観点は，博物館が直面する現代の課題への適応と，資料保存の伝統的な方法に革新をもたらす可能性を秘めている。博物館資料の収蔵は，文化遺産を未来に継承するための基盤であり，その改善と発展は博物館活動の中心的な要素である。

6 | 学校施設を利用した収蔵庫

日髙真吾

《目標＆ポイント》 現在，多くの博物館の共通する課題として，収蔵庫の狭隘化がある。これは，博物館活動の主たる活動である収集活動が継続されてきた結果，博物館資料が増加し，収蔵空間が飽和した状態になるため生まれる課題である。こうした課題への対策として，学校施設を収蔵庫として活用する事例が見られるようになってきた。そこで本章では，筆者の実践事例から，学校施設を収蔵庫として利用するための施設改修についての基本的な考え方を示す。

《キーワード》 学校施設，収蔵庫，文化財 IPM，環境保存，温度湿度，生物被害

1．学校施設を収蔵庫として使用する際の留意事項

まず，学校施設を収蔵庫として使用する際の留意事項をいくつか示しておきたい。学校施設は，大きな窓や開口部があると同時に空調システムがなく，外気の影響を受けやすい。したがって，温度湿度の大きな変動が生じ，脆化した博物館資料の破損や変形などの事故が生じる危険性が高い。次に，大きな窓や開口部に取り付けられているサッシにはわずかな隙間があるため，その隙間から室内に入ってくる塵埃は，博物館資料を汚損する原因となる。また，こうした隙間は，博物館資料を食害する文化財害虫の侵入を許し，生物被害が発生する原因となる。さらに，大きな窓から日光が入射することで，彩色のある博物館資料の退色の原因となる紫外線の影響を受ける。このように，学校施設を収蔵庫として

利用する際は、さまざまな劣化要因が施設内に存在していることを十分に認識しておく必要がある。そこで、こうした課題に取り組む場合は、博物館環境に詳しい保存科学者との連携を推奨する。

2. 新潟県村上市の旧茎太小学校収蔵庫の事例

新潟県村上市の茎太(くきた)小学校は、2000年に村上市立三面(みおもて)小学校に統合され、空き校舎となったため、旧茎太小学校収蔵庫として利用されることとなった。現在は、民俗文化財や土器などの出土遺物が保管されている。通常は一般公開されておらず、観覧の希望があったときに、市の担当者が対応し、公開するという運用となっている。

旧茎太小学校に収蔵庫機能を持たせるために行った改修では、温度湿度の安定化を図り、日光の入射を防ぐことを主要な課題とした。そこで、教室を収蔵室として利用するに当たり、具体的には、外に面した窓から約50cmの距離を空けて木製の内壁を設けた。このことによって、窓と内壁の間にドライエリアを確保し（**図6-1**）、外気の温度湿度の変化の影響を受けにくい環境を整えることで、温度湿度の推移を安定させるこ

図6-1　収蔵室の内壁とドライエリア（2012年5月　筆者撮影）

とを目指した。また，内壁の設置によって外に面した窓からの日光の入射を防ぐことができるようになった。加えて，廊下側の壁の上部の窓に板を取り付け，扉の窓には遮光性の高い暗幕を張って，廊下側からの日光の影響を受けない工夫を施した。そして，これらの改修の効果を確認するため，2012年度に旧茎太小学校の環境調査を行った。環境調査の内容は，データロガーによる温度湿度の測定，捕虫トラップを用いた年4回（春夏秋冬）の生物生息調査，ハンディタイプバイオサンプラーによる空中浮遊菌の調査，パーティクルカウンターによる塵埃量の調査，UVモニターによる照度と紫外線の測定，パッシブインジケータ法による有機酸とアンモニアの濃度の測定である。

　その結果，温度湿度の推移は，振れ幅が小さく安定しており，窓と内壁の間に設けたドライエリアの効果がよく表れていることが分かった。ただし，湿度は，相対湿度60％から相対湿度70％とやや高めで推移していることから，温度が高くなる時期は，カビの発生に留意する必要があるという結果となった。

　次に捕虫トラップによる生物生息調査では，捕獲された虫の大半は外部から侵入したダニ目やワラジムシ目であり，文化財害虫自体の捕獲は少ないことが分かった。しかし，捕獲された虫の数は多く，文化財害虫による虫害の発生が将来的に懸念されるとともに，カビを好んで食する性質をもつチャタテムシ目が捕獲されていることから，カビの発生が推測される結果となった。

　空中浮遊菌の調査結果は，収蔵室と廊下との調査結果に差はなく，多くの空中浮遊菌が確認される結果となった。この結果は，前述した高い湿度の推移や，チャタテムシ目の捕獲を勘案すると，カビ対策に緊急性を要する環境である。また，塵埃量の結果は，収蔵庫と廊下のいずれも多く，塵埃を栄養源とする害虫やカビの発生を助長する環境にあること

が分かった。

　収蔵室の照度と紫外線量の測定結果からは，窓側に木製の内壁を設けてドライエリアを確保した結果，必然的に日光の入射が防がれていることが分かった。ただし，博物館用ではない紫外線を発する蛍光灯を使用していることから，蛍光灯の点灯で紫外線が発生していた。

　パッシブインジケータ法による空気環境の調査の結果，有機酸，アンモニアともに若干の変色が見られた。一方で，この変色の程度は，東京文化財研究所が博物館の空気環境として推奨している有機酸，アンモニアの基準濃度付近か，それ以下の濃度の環境であると判断した。

　以上の調査結果から，旧茎太小学校収蔵庫では，簡易な木製の内壁を設置し，ドライエリアを確保するだけでも，温度湿度の推移が安定し，窓からの日光を防ぐ効果が得られることが明らかになった。また，文化財害虫やカビによる生物被害対策としては，定期的な清掃を行うことで環境の改善を図ることとした（図6－2）。このことによって，空間の清浄度が増し，虫害のリスクを軽減することができるようになった。同時に，清掃による空気の対流が起きることでカビの発生を抑制できる効果が期待できるようになった。加えて，虫害が発生した場合の対策として，

図6－2　収蔵室の清掃作業（2013年
　　　　9月　河村友佳子氏撮影）

二酸化炭素を用いた殺虫処理の技術移転を行った。このことで，第4章で示した「博物館のIPM：総合的有害生物管理」の観点に立った収蔵庫運営が可能となった。その他，施設改善の工夫として，紫外線を遮断する博物館用の蛍光灯に替えることで，より安定した収蔵環境を創出することを提案した。しかし，照明の変更はそれなりの予算を支出することから，現在は日常管理の中で必要最小限の点灯を心がけることで，照明の紫外線対策としている。

3．宮城県気仙沼市の旧月立中学校の事例

　次に紹介する宮城県気仙沼市の旧月立中学校は，2011年の東日本大震災で被災した民俗文化財や自然史標本資料の一時保管場所として利用された校舎である。しかし，その利用が長期化することになり，収蔵施設としての機能の強化を目的とした改修を行うこととなった。その際，前述した旧茎太小学校収蔵庫を参考にした改修工事を進めた。

　旧月立中学校は，中山間地に立地し，大正時代に建設された木造2階建ての校舎である。木造の壁は板の継ぎ目が収縮し，隙間が生じていた。また，一時保管場所として使用されていた際，収蔵室として利用していた教室は，窓から日光が入射していた。このことから，旧月立中学校は，温度湿度が安定しにくく，さらに壁面の隙間等から害虫が侵入しやすい環境にあった。そこで，改修に当たって，まずは旧茎太小学校収蔵庫と同様の環境調査を2012年度に行った。

　その結果，温度湿度の推移については，外気の影響を大きく受けていることが分かった。また，湿度は，高湿度傾向で推移していることから，旧茎太小学校収蔵庫と同様に，温度が高くなる時期は，カビの発生しやすい湿度環境にあることが分かった。次に生物生息調査のうち，捕虫トラップによる調査において捕獲された虫の傾向から，文化財害虫による

虫害の危険性が高い施設であることが分かった。また，空中浮遊菌や塵埃量の調査結果では，収蔵室と廊下との調査結果に差はなく，多くの空中浮遊菌や塵埃が確認された。したがって，カビの発生のリスクが高いことが分かり，生物被害が生じやすい環境であることがあらためて明らかになった。

収蔵室の照度や紫外線量の測定結果からは，旧月立中学校は，窓に不織布のカーテンを張って日光の対策を施していたものの，その効果が得られていないという結果となった。また，博物館用ではない蛍光灯を利用しており，蛍光灯の点灯により紫外線が発生していることが分かった。

以上の調査結果を受け，旧月立中学校では，まず，窓側に調湿ボードと断熱材を一体化させた調湿断熱壁を設置した。調湿断熱壁を設置した目的は，日光の入射を防ぐことと，窓側にドライエリアを作り，外気の温度湿度の影響を減少させることにある。調湿断熱壁は，窓際に据え付けられていたランドセル置き場の棚に沿って設置（図6-3）し，窓と

図6-3　調湿断熱壁の施工（2014年2月　筆者撮影）

調湿断熱壁の間の空間を約40cm確保し，ドライエリアを設けることとした。また，校舎入口と，２階廊下の温度湿度の推移を検証した結果，収蔵室の廊下側の木造壁から外気の影響を受ける可能性が考えられた。そこで，収蔵室の廊下側の壁に防湿シートを設置し，廊下からの湿度の影響を軽減する工夫を行った。その結果，若干であるが，湿度の変動が抑えられるようになった。

　こうした改修工事を進める中，文化財 IPM の考え方に基づいた施設の運用体制の整備を2013年から進めた。具体的には，校舎内へ立ち入る際に上履きに履き替えること，ほこりの出るクリーニング作業を１階で行い，２階にある収蔵室と区分けすることを徹底した。また，一時保管場所として使用している収蔵室の入り口に，粘着マットを設置し，収蔵室に入る際には，粘着マットの上で，上履きの底に付いているほこりなどを落としてから入室することとした。さらに，作業員は，終業前に校舎内の清掃を行った後に，帰宅することとした。これらの収蔵室の改修と収蔵庫運営の効果についてまとめると，以下のようになる。

　まず，調湿断熱壁の効果について，設置以前の2013年３月から６月までと，設置後の2014年３月から６月までの４カ月間の温度湿度の推移を図６－４に示す。図６－４の結果からは，調湿断熱壁を設置したことで，温度湿度の急激な変動が抑えられていることが分かる。ただし，湿度については，相対湿度60％から相対湿度70％前後の間でやや高めの値で推移しており，引き続きカビの発生に注意しなければならない結果となっている。

　次に文化財 IPM の考え方を導入した収蔵庫運営の効果について，2012年と2014年の捕虫トラップで捕獲した文化財害虫の結果を図６－５に示す。図６－５の結果からは総捕獲数は減少しているものの，コウチュウ目など注意が必要な文化財害虫の存在が確認できることから，よ

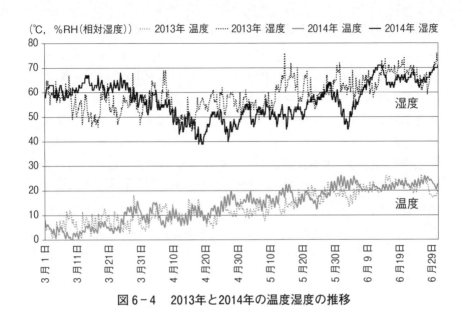

図6-4　2013年と2014年の温度湿度の推移

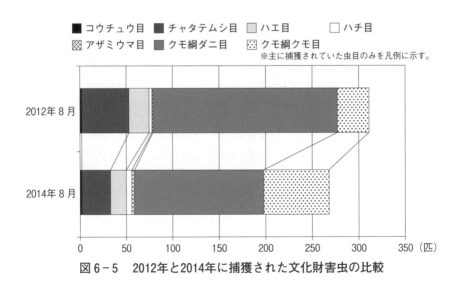

図6-5　2012年と2014年に捕獲された文化財害虫の比較

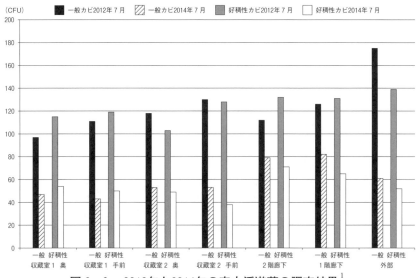

図6-6　2012年と2014年の空中浮遊菌の調査結果[1]

り虫が侵入しにくい環境を作っていく必要があることが分かる。

　空中浮遊菌の結果を図6-6に示す。図6-6の結果からは，一般カビ，やや乾燥した場所を好む好稠性カビのいずれも，2012年に比べると2014年はほぼ半減している。また，2012年は廊下と収蔵室内の結果がほぼ同等であったが，2014年は廊下より収蔵室内のカビ数が少ない結果となっている。次に，塵埃量の結果を図6-7に示す。図6-7の結果からは，2014年は大幅に減少していることが分かる。したがって，図6-6，7の結果から，文化財 IPM の効果が顕著に表れていることが分かる。ただし，廊下でのカビや塵埃量が，外部と同等，もしくは外部より多い傾向があるため，原因の特定と環境改善の方法を検討する必要があるといえる。

　このように，旧月立中学校収蔵庫では，施設改善対策や文化財 IPM

---

[1] 縦軸の CFU は Colony forming unit（コロニー形成単位）の略で，生菌数（生きている菌の数）を表す単位を指す。

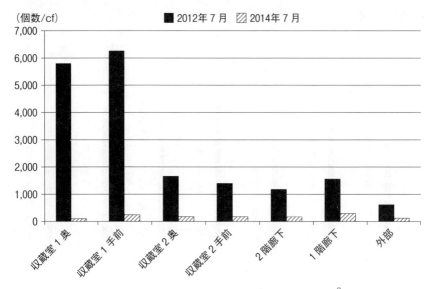

図6-7　2012年と2014年の塵埃量の調査結果[2]

の考え方に基づいた運営体制を整えることができていったが，2016年5月から資料整理作業が週5日から週3日（火・水・木）となり，管理体制が変更された。そこで，2016年にあらためて環境調査を行い，状況を確認した。その結果，温度湿度の推移は2014年と同様，安定した推移となっていることが分かった。ただし，湿度については，これまでと同様にやや高く推移していた。そこで，汎用除湿機の運用を本格的に開始することとし，作業日には汎用除湿機を相対湿度60％に設定し，職員が在駐している間は稼動させることとした。なお，職員が不在の際は，漏電等による火災を防ぐため，汎用除湿機の稼働は見送ることとした。その結果，汎用除湿機を運転するようになってからは，運転に合わせて湿度が低下する傾向が見られた。しかし，夏季休業時には徐々に湿度が上昇

---

[2] 縦軸のcfとは，キュービックフィートのことであり，1辺が1フィートの立方体の体積（約28.3リットル）を表す。個数/cfは，1キュービックフィートの中で捕集された塵埃の個数を指す。

していくことが確認された。また，生物生息調査では，虫の捕獲数が増え，中でもダニ目やチャタテムシ目が多く捕獲されるとともに，塵埃量が増加していることが明らかとなった。このことは，毎日行われていた清掃ができなくなったことが要因と考えられる。

　以上の結果から，旧月立中学校収蔵庫では，人の出入りが少なくなることで，高湿度傾向となる課題がさらに深刻となった。そこで，今後の施設管理の体制としては，作業終了時の清掃の継続と資料の異状を早期に発見しやすくするために，資料の配架方法を見直す工夫が必要であると考えている。

4．まとめ

　一般的に，文化財の収蔵施設を考える場合には，環境保存の考え方を重視しなければならない。文化財の環境保存とは，収蔵庫など文化財を保管する環境を安定させることで，文化財の劣化速度を最小限にして保存を図る，予防的保存の考えに基づいた文化財の保存方法の１つである。ここでは，温度湿度の変動が少ない環境を整え，虫菌害などの生物被害を促進させないための環境づくりに，十分に配慮することが求められる。特に博物館資料は，生物被害に遭う危険度の高い文化財であるため，これらの環境の創出は必須のものとなる。一方，収蔵資料があふれ，いわば収蔵空間が飽和状態となった収蔵庫において，環境保存に基づいた博物館資料の管理はなかなか難しい。そこで，新たな収蔵庫の可能性として，本章で紹介した旧茎太小学校収蔵庫のような事例が報告されるようになってきた。こうした事例は，学校施設の利用について，少子化に伴う学校の統廃合の動きと関連して，学校教育の目的以外の使用が認められるようになってきていることを背景としている。

　ただし，学校は学校であり，博物館ではない。博物館は，光や温度湿

度の調整をより意識した密閉度の高い，閉鎖的な空間を目指している。一方，学校は，子どもたちが伸び伸びと学べるよう，開放的な空間を目指している。つまり，両施設は，全く違う目的で建設されているといえる。だからこそ，教室という空間を収蔵室として利用するためには，相当な工夫と高度な運用が求められると考える。本章で紹介した旧茎太小学校収蔵庫の事例，そして旧月立中学校収蔵庫の環境改善の取り組みは，今後，博物館資料の収蔵庫として学校を利用する際，参考になろう。

参考文献

文化財虫菌害研究所編『文化財 IPM の手引き』（文化財虫菌害研究所　2014　pp.63-64）

東京文化財研究所編『文化財害虫事典』（クバプロ　2001）

国立文化財機構東京文化財研究所保存修復科学センター保存環境研究室「美術館・博物館のための　空気清浄化の手引き（平成31年 3 月改訂版）」
https://www.tobunken.go.jp/ccr/pub/190410aircleaning_guideline.pdf（2023年 7 月24日アクセス）

三浦定俊・佐野千恵・木川りか『文化財保存環境学（第 2 版）』（朝倉書店　2016）

7 | 博物館資料の科学調査

日髙真吾

《目標＆ポイント》 博物館における資料保存の活動は，「予防的保存」の考え方に基づいた取り組みが世界的な主流となっている。また，保管されてきた環境，あるいは伝承されてきた長い年月の中で，素材ごとに特徴的な劣化が生じた博物館資料に対しては，保存修復が行われる。

こうした博物館資料の予防的保存，あるいは保存修復を進める際には，博物館資料の劣化の要因や状態を把握した上で，保存修復の方針を立案する必要がある。そのためには，対象となる博物館資料に対して，丁寧な肉眼観察を行った上で，さらに詳細な情報を得るための科学調査が実施される。そこで本章では，博物館資料の劣化要因や劣化状態を把握するための科学調査の手法について，筆者が所属している国立民族学博物館の事例を中心に学ぶ。

《キーワード》 科学調査，予防的保存，保存修復，肉眼観察，文化財

1．博物館資料への科学調査の事始め

現在，さまざまな博物館で行われている博物館資料への科学調査は，文化財への科学調査と同様のものが用いられており，わが国においてその先駆けとなったのが，1934（昭和9）年から始まった法隆寺伽藍の大修理である。この大修理に際して，「法隆寺国宝保存協議会」が，法隆寺の建造物に使用されている石材や木材の顕微鏡観察や光学的調査，化学分析を行い，石材の堅牢性や脆弱性の評価，木材の同定や水素イオン濃度（pH）の測定結果などを報告している。また，建造物の塗料の定性分析が行われ，使用顔料が推定された。さらに，1949（昭和14）年か

らは，金堂の解体修理の検討が行われ，壁画の顔料の化学分析によって，使用顔料の同定が部分的に行われた。なお，この調査は，法隆寺金堂壁画の模写の完成後に，より詳細に行われることになっていた。しかし，1949（昭和24）年1月26日の金堂火災によって，大部分の顔料が変色，変質，あるいは焼損する事態を受け，その計画は実現することはなかった。ただし，火災後に顔料の変化や変質，壁体の変化についての科学調査が行われ，火災後の法隆寺金堂壁画の保存に大きく貢献し，文化財の彩色材料を総合的に科学調査した初めての事例となった。

　また，この時期の文化財への科学調査として，1934（昭和9）年に大阪府高槻市阿武山古墳の漆棺のX線透過撮影が行われた。そして，続く1935（昭和10）年にアチック・ミューゼアムが，癌研究所において，藁草履の一種で，普通の草履に比べて長さが半分となる足半のX線透過撮影を行った。これらの調査は，肉眼観察では得ることのできない内部構造の観察にX線透過撮影が有効な手法であることを示した最初の事例となった。

　このほか，1948（昭和23）年から始まった正倉院宝物の調査で，薬物の組成分析や顔料分析といった科学調査などが積極的に行われるようになっていった。そうした動向の中で，科学調査の有効性が世に広く知られることになった「永仁の壺」事件が発生する。この事件は，1959（昭和34）年に「永仁二年」と銘が記された瓶子，いわゆる「永仁の壺」が，鎌倉時代の古瀬戸の傑作として重要文化財に指定されたことを契機としたものである。指定後，「永仁の壺」は贋作ではないかとの疑念が出され，鎌倉時代の古瀬戸の釉薬と昭和の瀬戸焼の釉薬に対して蛍光X線分析が行われ，その分析結果から，「永仁の壺」は鎌倉時代の古瀬戸とは認めがたいとの結果が得られた。また，顕微鏡による表面観察などの科学調査も行われ，いずれも鎌倉時代のものとは認めがたいとの結果が得

られた。その後，1960（昭和35）年に陶芸家が自作したとする表明が出され，「永仁の壺」は重要文化財の指定を解除されるに至った。この「永仁の壺」事件は，博物館資料をはじめとする文化財への調査において科学調査が有効であることを広く世に知らしめた点において重要な出来事であったといえる。

2．博物館の保存環境を整えるための科学調査

　前述した通り，博物館資料の保存では，予防的保存の考え方が世界的な主流となっている。予防的保存とは，博物館を安定した環境に整え，博物館資料の劣化の進行を抑制することを目的とした考え方で，主には温度湿度，空気中の汚染物質，博物館資料に被害を与える生物，照明をはじめとする光を適切に管理する活動となる。そして，これらの活動では，さまざまな測定機器を用いた科学調査が行われる。

　温度湿度の管理では，博物館において適切な温度湿度の環境を維持するために，空調機の運転を制御する温度湿度センサーで温度湿度の推移を把握する。また，博物館資料が収蔵されている空間全体の温度湿度の環境を把握するため，任意の場所に設置することができ，温度湿度のデータをメモリーに記録するデータロガーを用いる。なお，これらの機器は，一定の間隔ごとに温度湿度を計測するもので，いわゆる「点」で記録する機器となる。これに対して，継続的な温度湿度の推移，すなわち「線」で記録する場合は，自記温湿度計を用いる。

　空気中の汚染物質の管理は，博物館資料が収蔵されている収蔵庫や展示場が塵埃などで汚染されていないか，あるいは展示ケース内が劣化を誘引する物質で高濃度になっていないかを確認する作業となる。塵埃の調査では，微粒子計測器を用いて空気中の塵埃を定量し，博物館資料の置かれている環境の清浄度を確認する（図7-1）。また，博物館資料の

図7-1　微粒子計測器による塵埃の調査

図7-2　パッシブサンプリングによる調査

図7-3　アクティブサンプリングによる調査

　劣化要因として，特に有害なガスであるアンモニアや有機酸は，インジケータを一定期間置いて測定するパッシブサンプリング（**図7-2**）や，空気中の気体を吸引して測定するアクティブサンプリング（**図7-3**）による調査が行われる。

　また，博物館資料の保存では，収蔵庫の限られたスペースで，いかに効率よく博物館資料を配架し，管理や検索に利便性の高い収納にするかが求められ，そのためには，安全で効率的な収納箱や支持具を開発する必要がある。このとき使用する材料は，博物館資料とじかに接触し，かつ長期にわたっての使用が前提となることから，博物館資料に影響を与

えない材料を選定することが必要となる。こうした材料の選定で行うマテリアルテストには，材料からのオフガス成分が，鉛や銅，銀に対して影響がないかを確認する Oddy テストや，写真印画紙への影響を確認する PAT テストがある。また，複数の材質で構成される博物館資料の収納箱や支持具の材料は，主成分が安定しており，可塑剤や接着成分といった不安定な成分を含んでいないものを選定することが望ましい。そこで行われる科学調査の手法として，発生ガス分析法（EGA）や，熱分解ガスクロマトグラフィ／質量分析法（Py-GC/MS）と熱脱着ガスクロマトグラフィ／質量分析法（TD-GC/MS）の手法を併用した報告がなされている。

　博物館資料に被害を与える生物とは，虫やカビを指す。この中で，特に博物館資料をはじめとする文化財に被害を与える虫を文化財害虫という。これらの生物被害に対しては，生物被害を未然に防ぐことを目的とした博物館における文化財 IPM（第 4 章参照）の考え方に基づいた管理が主流となっている。文化財 IPM では，博物館にどのくらい危険な生物が生息しているかの状況を把握するために，捕虫トラップを用いた生物生息調査を行う（図 7-4）。この調査では，過去のデータと比較することで，博物館資料が収蔵・展示されている環境がどの程度，文化財害虫による被害のリスクがあるかを確認する。このことで，文化財害虫による被害の発生リスクを軽減する対策を講じることに役立てる。また，カビについては，アデノシン三リン酸（ATP）測定法を用いる（図 7-5）。ATP 測定法とは，生物の細胞内に存在する ATP を酵素と反応させて発光させ，その発光量から活性度を評価するものである。このことで，博物館資料が収蔵・展示されている環境において，どの程度カビが活性化しているかを知ることができる。また，空中浮遊菌を捕集し，培地で培養し，展示場や収蔵庫にどのようなカビが生息しているかを調査

図7-4 捕虫トラップによる生物生息調査

図7-5 ATP測定

図7-6 慣性衝突法による空中浮遊菌の調査

図7-7 照度測定

する方法として，培地を一定時間開放状態で配置し採取する落下菌法や，浮遊菌を装置で吸引し，培地に吹き付けることで採取する慣性衝突法（図7-6）がある。

　博物館資料の活用の代表的なもののひとつに展示活動がある。展示活動では，観覧者の観覧環境を整えるとともに，照明光による博物館資料の劣化を最小限にとどめることが求められる。こうした展示場の照明は，近年はLED照明が積極的に用いられている。LED照明は，博物館資料の劣化を促進する赤外線や紫外線の波長成分が少ない特徴を持っている。また，消費電力が少なく，照明としての寿命が長いことから，省エネル

ギー効果が高い。こうした展示照明の管理では，照度が指標となっており，照度計を用いて測定する（**図7-7**）。照度とは，光源から照らされる博物館資料表面の明るさを示すもので，単位はルクス（lx）で表される。博物館資料に対する国際的な照度基準として，例えば，ICOM（国際博物館会議）では光に脆弱なものは50lx以下，ある程度光に対して耐性のあるものは150lx程度，光の影響をほとんど受けないものは800lx以下という推奨値を示している。また，日本では，原則として150lx以下に保つことが文化庁の『文化財保護要覧』で推奨されている。

3．博物館資料の構造や材質を観察するための科学調査

　博物館資料の修復を行う場合，修復前の肉眼観察は必須であるが，肉眼観察だけでは発見できない情報もある。また予防的保存を実現するためのアクションプランを策定する際には，博物館資料の劣化状況の把握とともに，より詳細な表面情報や内部構造，使用されている材質の特定が必要となる。

　そこで，博物館資料の詳細な表面情報を得るための科学調査の手法として，実体顕微鏡を用いた調査や，可搬型で1,000倍程度の拡大が可能なマイクロスコープを用いた観察（**図7-8**）があり，詳細な情報を得ることができる。

　また，博物館資料の表面情報を取得する方法として，3次元計測の手法がある（**図7-9**）。この手法は，3Dスキャナを使用し，非接触で博物館資料の表面情報を計測するもので，可搬型の計測器を用いれば，計測に大がかりな準備を必要としないため，現地での測定が可能である。3Dスキャナの使い方には一定の慣れが必要ではあるが，比較的簡便に計測することができる。また，3次元計測で得られた3Dデータは，コンピューター上で，回転，拡大，縮小が可能であるため，全体の形状

図7-8　マイクロスコープによる観察　　図7-9　3Dスキャナによる3次元計測

が把握しやすいという利点がある。加えて，3Dデータを3Dプリンターで打ち出して，博物館資料の複製品を製作し，触ることのできる展示資料として活用することができる。

　次に肉眼観察では得ることのできない博物館資料の表面情報を取得するための科学調査として，赤外線撮影がある。赤外線撮影は，可視光よりも波長が長いという赤外線の性質を利用し，赤外線を博物館資料表面のほこりやすすを透過させ，その反射光を捉えることで文字や下図の情報を得ることができる（図7-10）。

　博物館資料の構造，特に内部構造の情報を得るために有効な科学調査の方法として，X線透過撮影がある。X線透過撮影とは，X線を博物館資料に照射し，照射したX線の吸収程度をフィルムで測定し，透過像を得るものである。現在は，X線フィルムを用いた撮影よりも，イメージングプレートなどによるデジタル撮影方式が主流となっている。また，現像機も小型化が進み，現場での撮影後，すぐに撮影画像が確認できるまでに技術が進歩している。さらに近年は，X線CT装置を用いた3次元での構造観察が大きな成果を挙げている（図7-11）。X線CT撮影とは，博物館資料を多方面からX線撮影を行い，透過したX線をコン

図7-10 赤外線写真を用いた絵馬の下図の観察

図7-11 X線CTを用いた構造観察

図7-12 可搬型蛍光X線分析装置を用いた材質分析

ピューター上で計算し，画像を作成する方法である。さまざまな博物館資料の3次元構造の観察で大きな成果を挙げている一方，詳細な画像情報を得るために高エネルギーのX線を照射するため，博物館資料への影響を十分考慮しながら，実施する必要がある。

　博物館資料の保存修復を考える際，対象とする博物館資料がどのような材質で作られているかを把握するための科学調査が行われる。こうした科学調査の1つとして蛍光X線分析がある。蛍光X線分析は，博物館資料に用いられている材質の元素を定性，あるいは定量する方法であり（図7-12），絵画の顔料や金属製品，ガラス製品などの博物館資料への

分析事例が数多くなされている。近年，可搬型やハンドヘルド型の機器が普及し，大きな成果を挙げている。

4．博物館で科学調査を行う際の留意点

　ここまで，博物館で行われる科学調査について主な事項を取り上げてきた。これらの科学調査では，博物館資料に対して，非破壊・非接触であることを原則としている。すなわち，科学調査といえども，博物館資料に対して破損等のダメージを与えないことを原則としているのである。しかし，非破壊・非接触を原則としているとはいえ，こうした科学調査は，装置から発せられる光やX線など，何かしらのエネルギーを博物館資料に与え，その反応の結果から情報を得ている方法が多い。そのためミクロレベルの観点からは，厳密には非破壊であるとは言い切れない。そうした点を理解しながら，科学調査を行う目的を明確にし，ミクロレベルでの破壊をも最小限にすることを意識しながら，調査を実施しなければならない。このような科学調査は，博物館資料のこれまで知られてこなかった新たな情報を提供してくれ，博物館資料の新たな文化的な価値が見出されることも少なくない。しかしながら，何かしらのストレスを博物館資料に与えていることはしっかり認識しておくべきだろう。無目的でやみくもな博物館資料への科学調査は避けるべきであることをここで示しておきたい。

参考文献

江本義理『文化財をまもる』（アグネ技術センター　1993）

田口勇・齋藤努編『考古資料分析法（考古ライブラリー65)』（ニュー・サイエンス社　1995）

園田直子「民族学博物館での資料保存」『文化財保存修復学会誌 No.54』（文化財保存修復学会　2009　pp.1-21）

園田直子・日髙真吾・末森薫・奥村泰之・河村友佳子・橋本沙知・和髙智美「博物館における LED 照明の現状―2015年夏　国立民族学博物館での実験データから」『国立民族学博物館研究報告』40巻4号（国立民族学博物館　2016　pp.513-545）

早川泰弘・高妻洋成『文化財科学（分析化学実技シリーズ応用分析編7)』（共立出版　2018）

早川泰弘・高妻洋成・建石徹編『文化財をしらべる・まもる・いかす―国立文化財機構保存・修復の最前線』（アグネ技術センター　2022）

日髙真吾『災害と文化財―ある文化財科学者の視点から』（千里文化財団　2015）

日髙真吾「博物館資料の保存と修復」鶴見英成編『博物館概論』（放送大学教育振興会　2023　pp.17-194）

日髙真吾「文化財の保存と活用」鶴見英成編『博物館概論』（放送大学教育振興会　2023　pp.195-213）

増澤文武「X線との出会い」近藤雅樹編『大正昭和くらしの博物誌』（河出書房　2001　pp.62-63）

8 | 文化財の保存修復

岡 岩太郎

《目標＆ポイント》 博物館等において文化財の公開活用は，学芸員が担う重要な役割である。しかし，いかに慎重に文化財を取り扱ったとしても，いつかは必ず修復が必要な時期が訪れるため，公開活用を控えて，修復計画を立てるのも学芸員が果たす仕事である。修復の実作業については，適切な修復技術を有した専門家に依頼をすることになるが，学芸員には，修復技術の専門家によって提案される修復方針や，修復作業の妥当性を吟味する能力が求められる。本章では，文化財を修復するという行為の目的や原則について解説をする。また，紙や絹を素地とした絵画や書跡に分類される文化財の修復事例や修復過程を概観し，修復作業の現場における課題について理解を深めることを目的とする。

《キーワード》 装潢文化財，装丁，修復原則，損傷，修復工程

1．はじめに

　文化財とは，文化財保護法第2条第1項において，「建造物，絵画，彫刻，工芸品，書跡，典籍，古文書，その他の有形の文化的所産で我が国にとつて歴史上又は芸術上価値の高いもの（これらのものと一体をなしてその価値を形成している土地その他の物件を含む。）並びに考古資料及びその他の学術上価値の高い歴史資料」[1]と定義されている。また，これらの「有形文化財」に加えて，「無形文化財」「記念物（史跡・名勝・天然記念物）」「文化的景観」「伝統的建造物群」の6類型が定めら

---

[1]　https://elaws.e-gov.go.jp/document?lawid=325AC0100000214（2024年2月22日アクセス）

れている。わが国においては，これらそれぞれの類型の保存修復に関する専門家が存在している。

　本章では，筆者が専門とする装潢文化財の保存修復を概観する。装潢文化財とは，紙や絹を素地（以下，本紙と呼ぶ）とした絵画，書跡，典籍，古文書，歴史資料である。本紙の表面には，牛の皮や鹿の角などから得ることのできる膠を接着剤として用い，石や砂を細かく砕いて作る無機物由来の顔料等が接着され，さまざまな表現がなされている。加えて，動植物から得ることのできる染料などが用いられることもある。これらの装潢文化財の修復を担うのは，文化財本体の材料や構造に精通し，わが国に永く伝承されてきた装丁技術や修復材料を駆使する専門家（装潢師）で，ここで用いられる修復技術が装潢修理技術である。

　本紙である紙や絹は非常に薄く，脆弱である場合がほとんどで，本紙単体では，鑑賞や保存をすることが極めて困難である。そのため，多くの装潢文化財は，本紙の裏面に裏打ちという複数層の和紙が補強として接着され，それぞれの用途に応じて適切な形に装丁された状態で鑑賞や保存を可能にしている。代表的な装丁方法に掛け軸装（図8-1）と巻子装（図8-2）がある。その他に冊子装，屏風装，襖障子装などがある。掛け軸装や巻子装は巻き解きができる装丁方法である。冊子装については手元で1丁ずつ開閉することができる。屏風装は通常，偶数枚のパネル（扇）が蝶番で連結されることで大画面を構成し，室内空間の装飾や間仕切りの役割を果たす。襖障子装は，装潢文化財であると同時に，不動産文化財である建造物の構成要素でもある。

　以上のようにさまざまな装丁方法にて保存されている装潢文化財は，国民の共有財産としての公共性の観点からも，ある一定の原則にのっとって修理されることが望ましいと考えられる。

図8-1 掛け軸装（文殊菩薩像　高山寺蔵）

図8-2　巻子装

2．装潢文化財修復の目的と原則

　装潢文化財には，信仰や礼拝を目的とした仏教絵画や，それぞれの時代の美意識に基づいて描かれた大和絵や水墨画，金箔を貼り付けた大画面に絵画表現を施すなどした金碧障壁画，美麗な文字をしたためた書や，歴史的に重要な文字資料などがある。ここでは，それらを修復する目的

について考えてみたい。さまざまな損傷が発生した文化財は，その限度を越えると，移動や閲覧をすることで損傷が悪化するため，公開や活用をすることができなくなり，修復が必要と判断される。では修復の目的とは，公開活用の頻度を上げるためなのであろうか。あるいは損傷を繕って，その痛々しさを見えなくすることが目的なのであろうか。

　いかに損傷が激しくても，オリジナルとして確認できる本紙や絵具などによる表現を現状以上に減少させることのないように構造補強をすることが，修復という行為における最優先の目的である。何らかの修復が必要とされる状態の文化財が，そもそもなぜ，文化財として評価されているのかという，文化財そのものの価値を見極め，それを維持するためにさまざまな技術を投入して補強し，現状の維持をすることこそが，わが国における文化財の保存修復の基本である。構造的な補強をすることによって，本来あるべき文化財の姿が感得できるようになり，それは結果的に文化財の有する造形美を回復することにもつながる。オリジナルの保存を最優先とする現状維持の姿勢を保ちながら，構造補強と造形美を回復することが文化財の保存修復の目的なのである。

　それではこの目的を達するために保つべき原則とはどのようなものであるかを次に考えたい。構造補強と造形美の回復という目的を完遂するにしても，過度に恣意的な判断基準で作業を進めることは，決してあってはならない。修復を進める上での原則として，代表的な4点を以下に挙げ，それぞれについて説明をする（①～③は田口2015より引用）。

① 可逆性
　作品を介入前の状態に戻す可能性
② 判別可能性
　修復した箇所とそれ以外の箇所とを目視で文字通り「判別」できるよ

うに，介入箇所とオリジナルの差異化を図る技法と態度

③ **適合性**

　介入に際し用いられた素材と制作時に画家が使用したオリジナルの素材とが，過度な摩擦を起こすことなく調和をみせ，文字通り相互が「適合」する可能性

④ **記録性**

　修復前，修復中，修復後の文化財の状態や，実施した作業の内容，修復の方針にまつわる協議内容や知見などを文字や静止画像，動画によって記録する姿勢

　上記の4点については装潢文化財の保存修復のみならず，多くの有形文化財においても対応する原則であるため，学芸員として修復事業に参画する場合には，さまざまな修復作業や工程の妥当性を検討，あるいは判断をする際の重要な軸となる。ここからは装潢文化財の修復という視点からこれらの原則について解説をする。

　まずは「可逆性」の原則から見てみる。修復の主たる目的である構造補強を実施するためには，膠や小麦澱粉糊などのような接着剤や，欠損部分の補填や全体の補強のための紙や絹が用いられる。これら構造補強のために用いられる材料は次の修復の機会（一般的に装潢文化財の修理はおよそ100年に1回のサイクルで実施することが今までの経験から適当であると考えられている）の際に，必要に応じてオリジナルに大きな負荷をかけることなく取り除くことができるように処置を施すことが求められる。また，あってはならないことであるが，万が一にも，修復後に構造補強のために用いた諸材料に不具合が生じた場合にも，取り除くことができるようにしておくことが望まれる。つまり，再修理を可能にする材料を用いて修復を実施するのが可逆性のある修復といえるであろう。

次に「判別可能性」について解説する。虫害や破れ等の破損によって
オリジナルが失われた箇所には，オリジナルの素地に近似した紙あるい
は絹を補填するが，このような破損によって画像や文字の一部が失われ
ていたとしても，現在の保存修復では，補填した紙や絹に復元的な表現
や情報を加えることはない。この理由については後述するが，判別可能
性とは，上記の説明の通り，修復によって付加された材料はオリジナル
と目視によって区別ができるようにしておく修復方法である。恣意的，
復元的な彩色や線描，あるいは文字の一部を付け足すことはしない。

3つ目の「適合性」は判別可能性を実践しながらも，補填された紙や
絹については，あくまでもオリジナルの表現を見る際の妨げにならない
ように着色などの処置を行うという原則である。構造補強を目的として
修復の際に欠損部等に付加された材料は，至近距離で観察することで視
認でき，かつ，通常の鑑賞距離ではオリジナルの観察や鑑賞の妨げとな
らないようにして，修復のもう1つの目的である造形美の回復を目指し
ているということなのである。

4つ目の「記録性」は，どのような修復技術や修復材料が用いられた
のか，修復方針はどのような協議の末に決定されたのかを，文字と映像
を用いて記録する原則である。この記録は次の修復作業の際に有用であ
り，文化財本体と同様に保存されることが望ましい。

3．装潢文化財に発生する損傷

ここからは修復が必要であると判断される損傷について解説をする。
損傷が発生する原因には，時間の経過とともに発生する経年劣化や，温
湿度の大幅な変化など文化財が安置されている環境に起因する劣化，そ
して，地震や津波などの自然災害や火災，浸水，あるいはテロ行為をは
じめとする破壊活動に起因する劣化などを挙げることができる。実際に

発生している損傷は，これらの原因を複合的に内包している場合が多い。どのような損傷があるのか，代表的な損傷を以下に紹介する。

① 折れや亀裂（図8-3）

　掛け軸装や巻子装において多く発生する損傷である。光や空気に曝露されることで，本紙の紙や絹は経年劣化を生じ，本来的に素材が有している柔軟性が失われるなどの結果，巻き解きの動作に伴って折れが発生してしまう。放置しておくと，折れの数は増え，最終的には蛇腹状に無数に折れが発生した状態になってしまうこともある。さらには，折れが発生した状態で巻き解きを繰り返すと，折れ山の高いところは巻き解きのたびに擦れてしまい，亀裂を発生させてしまうことになる。このような損傷は本紙だけでなく，裏面から補強のために接着されている裏打紙にも同様に発生する。亀裂が拡大すると，大幅な破れとなって，オリジナルの表現を損なうことにもなる。屏風装や襖障子装の場合，巻き解きの動作は無いが，常に本紙の表面が光や空気に曝露された状態であるため，経年の劣化を伴って本紙は柔軟性を失い，安置している空間の温湿

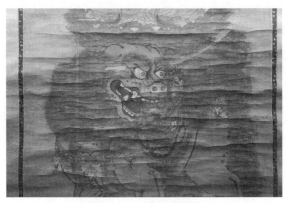

図8-3　折れと亀裂

度の変化が短時間で大きくなるなどの環境にある場合には，本紙の伸縮によって亀裂が発生してしまう。

② 裏打紙の剥離

本紙を支える裏打紙は通常，小麦澱粉を原料とした糊で接着されている。経年の劣化に伴い，本紙を支えるに足りる接着力は失われて，裏打紙は部分的に本紙の裏面から剥離してしまう。剥離した状態を放置しておくと，剥離面積は徐々に大きくなり，その結果，折れやしわ，破れなどの損傷を発生させてしまうことになる。

③ 絵具層の剥落（図8-4）

絵具層は主に無機の顔料が多く用いられており，それらは牛の皮や鹿の角から抽出した膠によって本紙に接着されている。膠も小麦澱粉糊と同様に経年劣化によって膠着力は低下してしまう。その結果，本紙から絵具層は剥離し，最終的には剥落してしまう。また，特に胡粉などの細かな粒子が特徴の顔料については，粉状化剥落といって，粒子の単位で少しずつ剥落が進行することがある。

図8-4　絵具層の剥落

③ 虫菌害の発生

　高温多湿なわが国の気候環境においては，装潢文化財が虫害によって大量の欠損を生じさせてしまう，あるいは，カビが素地の表面に発生してしまうことがある。カビについては発生から一定の時間が経過してしまうと，カビによる分泌物などによって茶褐色の染みで素地を汚損してしまうことになる。

④ 汚れの付着

　カビによる染みだけでなく，ほこりの堆積や，雨漏りなどにより文化財に水が浸潤するなどの結果，汚れが付着した状態となってしまう。汚れは絵画の鑑賞性や文字の判読性に著しく影響する。

4．装潢文化財の構造

　ここまで紹介してきたような損傷の進行を抑えるために修復作業が必要となるが，その修復作業の流れを示す前に，装潢文化財の構造について掛け軸装と襖障子装を例として説明をしておく。

　掛け軸装は必要なときに床間や梁，あるいは展示ケース内に掛けて展開し，用が済めば，下から細く巻き上げて保存箱に収納する。掛けたときに巻き癖などが生じず，大きな反りや波打ちなども発生しないようにすることが望まれる。また，下から細く巻き上げる際には，折れやしわを発生させることのない，しなやかさが掛け軸装には求められる。これらのことを可能にするために，掛け軸には通常，3層から4層の裏打紙による補強が施されている（**図8-5**）。本紙と呼ばれる絵画や書跡の裏面には，第1層の肌裏紙，第2層の増裏紙，第3層の中裏紙，第4層の総裏紙が澱粉糊によって接着されている。肌裏紙層には薄美濃紙，増裏紙層と中裏紙層には美栖紙，そして総裏紙層には宇陀紙と呼ばれる和紙が用いられている。これら3種類の和紙は土佐や那須等で栽培されてい

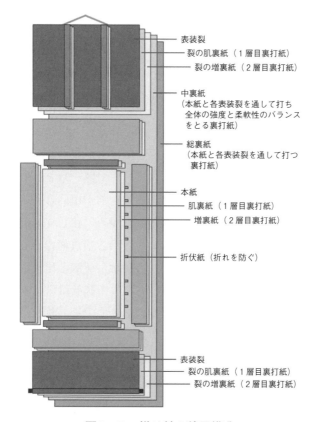

図 8−5　掛け軸の積層構造

る楮を原料としている。また，美栖紙には日本画で用いられる白色顔料の胡粉を，宇陀紙には吉野地方産の白土を，主原料の楮繊維に加えて抄紙されている。以上のように，裏打ちに用いられるこれらの和紙には個別の特徴がある。本紙の裏面にじかに接着される肌裏紙層に用いる薄美濃紙はきめが細かく，薄くても非常に丈夫な和紙である。巻き解きをしても本紙に折れやしわを生じさせない薄さと，本紙を支える強靭さを併せ持っている。また，美栖紙は薄く柔らかいのが特徴である。柔らかな

美栖紙を増裏紙，中裏紙として貼り重ねることで，ある程度の厚みを掛け軸本体に与えながらも，しなやかさを保つことができる。最終の裏打層である総裏紙は，取扱時にはじかに手が触れるところであり，かつ，掛けた状態では背後の壁に接近することになる。そのため，薄美濃紙や美栖紙よりも厚みがあって，丈夫な宇陀紙が総裏紙層として選ばれている。また，本紙と肌裏紙の接着には新糊と呼ばれる接着剤が用いられる。新糊とは，水で溶いた小麦澱粉を加熱，撹拌して得られる接着剤で，粘着性が強い。小麦澱粉が糊化したら自然放熱で熱を冷まして使用する。増裏紙以降の接着には，古糊と呼ばれる接着剤が用いられる。古糊は暦の上で大寒（１月20日頃）に炊いた新糊をかめに移して木蓋と和紙で密封し，約10年の間，冷暗所に保管して得られる接着剤である。長期間にわたって微生物分解を継続した結果，古糊は，新糊と比較して大幅に接着力の弱い接着剤となる。なお，裏打ちによる補強は常に４層ということではなく，本紙の大きさや劣化程度に応じて，その枚数や用いる和紙の厚みは変更される。

　次に襖障子の構造を紹介する。襖障子は杉の白太材と呼ばれる油分やくるいの少ない材料で下地骨が用意され，その上に楮紙によって大きさや貼り方をさまざまに変えた６種８層の紙を貼り重ねる（図8-6）。これを下張りと呼ぶ。下地骨は木工職人による組子の技術を用いて，釘などを一切使わずに格子状に組み上げ，さらに経年の劣化によって下地骨にゆがみなどが生じたとしても，本紙への悪影響を最小限にとどめるために，骨縛り・胴張り・蓑掛け・蓑縛り・下浮け・上浮けと呼ばれる下張り層を構築して，その上に２，３層の楮紙で裏打ちを施した本紙を張り込んで完成となる。下張りには大福帳などの不要となった古紙が伝統的に用いられていたが，現代では文化財修理のために適正と考えられる，漉き返しされた楮紙が，骨縛り層，蓑掛け層，蓑縛り層には用いられる。

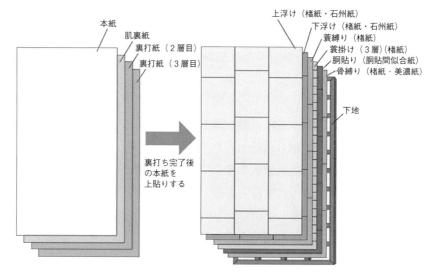

図 8-6　屏風装や襖障子装の積層構造

　また，胴張り層に用いられる紙は，高知県産の胴張り間似合紙が用いられる。この紙には粒子の細かな土が漉き込まれている。土を漉き込むことによって，光や空気の透過度を著しく低下させることが可能となり，下地骨の劣化抑制等の効果を得ることができる。さらに下浮け層と上浮け層には，石州紙が用いられる。

　以上のように装潢文化財の構造は，和紙と澱粉糊による積層構造によって本紙を裏面から支えているということが分かる。折れや亀裂，絵具層の剥落や汚損などの損傷が発生し，かつ部分的な応急処置では継続的な公開活用や保存が不可能であると判断した場合には，この積層構造を解体して，本紙1枚の状態にして，表側あるいは裏側から発生している損傷に対してさまざまな処置を施し，あらためて新しい和紙によって積層構造を施して，構造補強とするのである。

5．装潢文化財の修復工程

　以下に一般的な掛け軸装の絹に描かれた絵画（絹本絵画）を解体修復する場合の仕様例を示し，特に知っておくべき工程について解説をする。

① 写真撮影を行い，本紙の状態を調査し，記録する
② 膠水溶液にて絵具層の剥落止めを行う
③ 掛け軸装を解体し，肌裏紙を残して，旧裏打紙を除去する
④ 浄化水にて本紙の汚れを除去する
⑤ 損傷図面を作成する
⑥ 膠水溶液にて絵具層の剥落止めを行う
⑦ 布海苔を用い，養生紙にて表打ちを行う
⑧ 旧肌裏紙，旧補修絹を除去する
⑨ 本紙欠失箇所に裏面から電子線劣化絹にて補絹を施す
⑩ 本紙の色合いに合わせて，染色した薄美濃紙にて肌裏を打つ
⑪ 表打ちの養生紙を除去する
⑫ 本紙に美栖紙にて増裏打を行い，仮張りをする
⑬ 折れ伏せを入れ，折れを直す
⑭ 本紙と表装裂地を仮張りする
⑮ 仮張りされた本紙と表装裂地を掛け軸装の形に付け廻しをする
⑯ 美栖紙にて中裏打を行う
⑰ 宇陀紙にて総裏打を行い，仮張りし十分な乾燥期間を置く
⑱ 補絹の箇所に補彩を行う
⑲ 軸首，中軸，発装，紐等を取り付けて掛け軸装に仕立てる
⑳ 桐製太巻添軸，桐製屋郎箱，黒漆塗紐付桐製外箱を各新調し，本紙を羽二重の包裂に包み納入する

ここから，上記の仕様の中で具体的にどのような作業を行うのかをいくつかの工程について解説をする。

②⑥ **膠水溶液にて絵具層の剥落止めを行う（図8-7）**
　剥落止めには，大きく分けて素地と顔料の接着と，顔料と顔料の接着という2つの作業が必要であると考えられている。剥離箇所には膠水溶液を差し込んで本紙との接着を強化し，その後に絵具層に膠水溶液を塗布，浸透させて顔料間の接着をする。粉状化している絵具層には，少しずつ膠水溶液を浸透させながらゆっくりと絵具層の安定化を図ることが必要である。また，解体修理においては，剥落止めの工程の後に控えているさまざまな修復工程に耐えうるだけの強度を絵具層に与えるという目的もあり，単に損傷の状態を改善するというだけの作業ではない。

⑤ **損傷図面を作成する**
　修復が必要と判断された多くの装潢文化財は，伝世の過程の中で複数回の修復作業を経験していることが少なくない。そのため，オリジナルと，過去の修復作業において付加された，いわゆる後補材との区別がで

図8-7　剥落止め

きるように，修復前の状態を損傷図面として記録する。後補材には質の良し悪しは別として，復元的な彩色や線描が加えられていることも少なくない。また，欠損や折れ傷などについても同様に記録を残す。

⑦ **布海苔を用い，養生紙にて表打ちを行う（図 8-8）**

　劣化した文化財は，素地である紙や絹が非常に脆弱である。特に裏面に接着されている肌裏紙を本紙から剥離させる作業は，裏面の肌裏紙から一定量の水分を浸透させて，肌裏紙を接着している小麦澱粉糊を緩めながら進めるため，素地には大きな負担がかかる。また，肌裏紙が除去されて，本紙が 1 枚の状態になると，与えられた水分が原因となって微細な伸縮が生じ，亀裂が開いてしまう。あるいは絵具層が不安定な状態となる等の危険性がある。そのため，布海苔を接着剤として，レーヨン紙などの養生紙で本紙の表面を覆って，いったん乾燥させて固定する。この工程を表打ちと呼ぶ。ちなみに絹本絵画の場合，本紙の表面だけではなく，裏面から彩色が施されていることが多くある。この技術を裏彩色と呼ぶ（図 8-9）。劣化した素地だけでなく，裏彩色が施されていれば，そこから肌裏紙を除去することが非常に困難であることは想像に難くないであろう。

図 8-8　表打ち

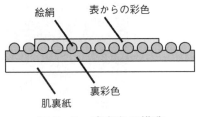

図 8-9　裏彩色の構造

第 8 章　文化財の保存修復　｜　**129**

図 8-10　肌裏紙の除去

⑧ 旧肌裏紙，旧補修絹を除去する（図 8-10）

　表打ちが完了したら，少しずつ肌裏紙側から水分を筆などで与えながら，小麦澱粉糊を緩めて，ピンセット等を用いて肌裏紙を除去する。表打ちを施した後に少量の水分を与えながら肌裏紙を除去する方法を，乾式肌上げ法と呼ぶ。肌裏紙が除去されると素地の裏面があらわとなり，後補材である旧補修絹を除去する工程に移る。ただし，後補材によって一定の造形美や歴史性が支えられている場合には，損傷図面を用いて除去の可否を協議する。渡邊明義氏は後補材を除去，あるいは残置することの難しさについて以下のように発言している。

　　後から付加されたものの価値は薄いと言えますが，全体の表現は歴史的にはそれらも含めて成り立っているため，除去するときには表現に対する影響を考慮しなければなりません。これが絵画修復の難しさだと思います。（渡邊1996）

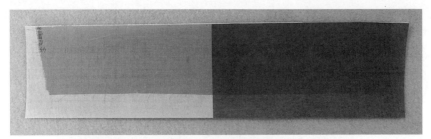

図 8-11　裏打紙の色の影響を示したサンプル

⑨ **本紙欠失箇所に裏面から電子線劣化絹にて補絹を施す**

　本紙の欠失部分に，電子線を照射して加速劣化させた補修用の絹を欠損部の形に整形して埋める。この作業を補絹と呼ぶ。なお，オリジナルの絹は絵画が制作された時代によって織りの粗密や糸の太さなどが異なるため，修復現場ではそれぞれの文化財に近似する組織の補修用絹を用意しなければならない。

⑩ **本紙の色合いに合わせて，染色した薄美濃紙にて肌裏を打つ**

　この工程以降は，新たな裏打紙を接着する工程であり，最終的な構造補強となる。多くの本紙は薄く，裏面に密着する肌裏紙や増裏紙の色を透過する（図 8-11）。墨で染めた和紙で裏打ちをすれば，画面全体が暗く仕上がる。古色蒼然とした雰囲気を演出し，傷なども見えにくくなるが，繊細な表現が見えなくなってしまうこともある。江戸時代後半の修理記録が残っている絵画においては，真っ黒に墨染された肌裏紙が密着されている場合が少なくない。しかし，現代の文化財修復においては，オリジナル部分の有する表現を見えやすくすることによる造形美の回復を目指して，密着させる和紙の色は慎重に検討することが必須である。

⑪ **表打ちの養生紙を除去する**

　新たな裏打紙が接着され，十分に乾燥させた後に，本紙の表面を覆っ

図 8-12　折れ伏せ入れ　　　　　図 8-13　付け廻し

ていた表打ちの養生紙を除去する。養生紙は布海苔によって接着されている。布海苔は水に溶解しやすいため，表打ちの除去に必要な水分量は少量で，それによって絵具層を定着させている膠や，裏打紙を接着している小麦澱粉糊が不安定になることはない。

⑬ 折れ伏せを入れ，折れを直す（図 8-12）

　折れ傷や亀裂は補絹や裏打ちによる補強で平滑な状態になるが，修理後の巻き解き作業によって折れが再発してしまうことがある。そのため，増裏紙層の上から細く帯状に裁断した楮紙を折れ傷に沿って接着して強化することで，折れの再発を予防する。

⑮ 仮張りされた本紙と表装裂地を掛け軸装の形に付け廻しをする（図 8-13）

　表装裂地については，修理前に付けられていた裂地を再使用する場合と，修理後には新しく裂地を用意する，つまり新調する場合がある。裂地の破損が著しく，再使用することに保存上の悪影響があると判断される場合には，表装裂地を新調することが多い。ただし，修理前に付けられている裂地の由来などが記録上明らか，あるいは類推されるような場合には本紙と同様に裂地も修復をして補強し，できる限り再使用することが望ましい。

 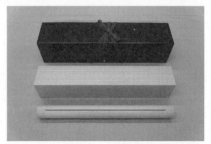

図8-14　補彩　　　　　　図8-15　新調した太巻添軸，桐製屋郎箱，黒漆塗紐付桐製外箱

⑱ 補絹の箇所に補彩を行う（図8-14）

　本紙が欠損しているところには補絹を施すが，そのままでは欠損部が鑑賞の妨げになってしまうことがある。修復の原則である「判別可能性」と「適合性」を実現するために，補絹箇所には補彩という工程を行う。わが国の文化財修復では1970年代より，いわゆる地色補彩という方針にて補彩を行っている。どのような色を基調色とするべきかについては，極めて主観的な議論となるが，複数の関係者で協議をすることで，適切な色によって補彩が完了するように慎重に作業を進めなければならない。目指すべき基調色が決定されると，薄い色から徐々に色を塗り重ねて，仕上げに時間をかけるようにする。修復現場で補彩の仕上がりとして目指すところについて言語化するなら，「補絹と補彩が施された箇所は，オリジナルよりも奥側に控えたように見える仕上がり」とでも言うことができるであろう。

⑳ 桐製太巻添軸，桐製屋郎箱，黒漆塗紐付桐製外箱を各新調し，本紙を羽二重の包裂に包み納入する（図8-15）

　修復を終えた装潢文化財については保存性を向上させる目的で，桐製の保存箱を新調することが多い。また，掛け軸装の場合には，巻き上げる直径をできるだけ太くすることで，新たな折れが発生することを防ぐ

ための太巻添軸を新調する。中箱には印籠蓋と呼ばれる密閉度の高い構造をもった屋郎箱を新調し，仏教絵画などでは，さらに屋郎箱を納入するための黒漆塗紐付桐製外箱を新調することが多い。大和絵や水墨画については外箱として擦り漆紐付桐製外箱等を新調する。

6．おわりに

　本章では装潢文化財の修復を中心に，文化財を修復する本質的な目的や原則を示し，絹本絵画を例に，実際の修復工程の流れ，そして特に重要と考えられるいくつかの工程について詳説した。装潢文化財に限らず，文化財の保存修復は構造補強と造形美の回復を主たる目的としており，その目的を達する上で逸脱してはならない原則があることを忘れてはならない。

参考文献

田口かおり『保存修復の技法と思想』（平凡社　2015）
渡邊明義「文化財修理の方法論について」『平成八年度　国宝修理装潢師連盟定期
　研修会講演集』（クバプロ　1996）

9 | 文化財の保存修復で使用される材料

岡　岩太郎

《目標＆ポイント》　文化財の保存修復にはさまざまな材料が必要とされる。その材料のほとんどが，日本の伝統的な美術工芸の分野で古くから使われ続けている材料である。長らく使われ続けていることによって，それらの材料がどのように劣化するのか，あるいは，それらが文化財本体の保存にいかなる影響を与えるものであるのかを把握できている。しかし，その多くの材料は現代社会の生活様式の変化によって，需要が低下しているという現状がある。本章では，保存修復に必要不可欠な代表的な材料類について紹介し，文化財の保存修復への理解を深めることを学習の目的とする。
《キーワード》　和紙，裂地，材料の危機，取り合わせ，接着剤

1．はじめに

　有形文化財の保存や活用のためには定期的な修復作業が必要不可欠である。そして，建造物や彫刻，絵画，書跡をはじめ，漆工品や染織品などの工芸品の修復にはいろいろな材料が用いられる。さまざまな損傷に対応するために吟味される修復材料は，基本的に製作当初に用いられた材料に近い素材を選ぶことが望ましいが，製作技法が不明である文化財も多いため，その際は，日本における伝統工芸分野の技術で長らく使い続けられている材料を修復材料として選択することを基本とする。また，近年はアクリル樹脂など，20世紀に入ってから飛躍的に発展した接着剤や，炭素繊維を原料とした軽くて丈夫な素材などが文化財の保存修復に用いられることもある。ただし，筆者は可能な限り，日本において少な

くとも数百年間は使用が継続されていることの確認できる材料を，修復
作業に用いることが望ましいと考える。それは，修復材料が数百年とい
う時を経たときに，どのような劣化をするのか，その方向性をすでに時
間が証明しているからである。つまり，長らく使用されている修復材料
を継承して使い続けることは，未来に実施される次の修復作業の時期ま
でに使用された修復材料がどのように劣化し，それにいかに対処すべき
かを，現時点で予測できるということなのである。もちろん，それらだ
けに固執することなく，修復には常に柔軟な思考が必要であり，新しい
修復技術や，それに対応する新たな修復材料の模索という活動は，保存
修復の分野にとっては大切な点であることを補足しておかねばならない。
そこで，本章では，絵画，書跡，典籍，古文書，歴史資料に分類される
文化財（装潢文化財）の修復現場において用いられている材料について
の基本的な理解を深めるために，近代から使用が続いている修復材料の
中で和紙や絹織物を中心に紹介する。

2．構造補強に必要な和紙

　和紙の産地は全国に数多くあるが，構造補強に適した材料で漉かれた
和紙が厳選されなければならない。装潢修理に用いる代表的な和紙や産
地としては，薄美濃紙（岐阜県），美栖紙（奈良県），宇陀紙（奈良県），
石州紙（島根県），細川紙（埼玉県），土佐和紙（高知県）などを挙げ
ることができる。各産地で生産される和紙には強度や厚みなどに違いが
ある。例えば，修復に用いる和紙の特性としては，「①補強の際の本紙
との親和性，②水にぬれたときに十分柔らかくなる作業性の良さ，③透
明性，④高度の耐接強度」などが考えられる（尾鍋2006）。掛け軸装や
巻子装における巻き解き，あるいは屏風装や襖障子装における開閉のよ
うに，各装丁に求められる機能に対応するべく，複数種の和紙を組み合

わせて貼り重ねるなどして積層構造を作って，脆弱化した文化財を裏面から補強している。詳しい積層構造については第8章を参照されたい。以下にいくつかの和紙についてその特徴などを紹介する。なお，装潢文化財の修復に用いる和紙は，基本的に全て手漉き和紙が用いられる。機械漉きの和紙は，大量に生産され，手漉き和紙に比べると安価に入手することができるが，両者の間には使用原料や材料処理をはじめとする生産工程に明らかな違いがあることから，文化財を保存する上での安全性を最優先に鑑み，冒頭でも述べたように，少なくとも数百年間にわたって伝承されてきた手業によって作られる手漉き和紙を用いるのである。

① 薄美濃紙

薄美濃紙は那須楮を原料として，岐阜県の美濃地方で生産されている。主に絵画や書跡などの装潢文化財の本体である紙や絹（以後，本紙と呼ぶ）の裏面にじかに接着される肌裏紙層に用いられる。目の細かい簀を用いて，桁を激しく縦横方向に揺する流し漉きの技法で漉く。力強い桁の操作によって薄くて丈夫，かつ水にも強い和紙となる。本紙の裏面に密着するため，楮繊維に茶色い塵などが混入しないように丁寧な材料処理が施される。

② 美栖紙，宇陀紙

これら2種類の和紙は，奈良県の吉野町で生産されている。

一般的に手漉きの和紙は，漉いた直後の水をたっぷりと含んだ状態で紙床と呼ばれる場所に積み上げられる。一定量が積み上がった状態で板などに挟んで荷重をかけて脱水後，1枚ずつを板に貼り付けて天日干しすることが多い。しかし，美栖紙は，漉いた紙をすぐに板に貼り付ける（簀伏せ）ため，荷重をかけて強制的に脱水する工程が省かれる。その結果，ゆっくりとした乾燥工程を経て，非常に薄く柔らかい和紙となる。

主に掛け軸装や巻子装の増裏紙や中裏紙に用いられる。主原料は高知県産の土佐楮に，日本画の白色顔料として知られる胡粉が加えられる。胡粉を加えることで紙の伸縮を防ぐことができるとされている。

宇陀紙は，桁を激しく動かして漉く薄美濃紙や美栖紙とは異なる厚手の紙である。掛け軸装における総裏紙層に用いる和紙として使用される。原料は吉野町で栽培される楮が主に用いられており，地元で採掘される白土を混入する。これによって美栖紙と同様に狂いの生じにくい紙となる。厚手でコシのしっかりとした和紙である。

胡粉や白土にはカルシウムが含まれており，アルカリ性を示す。接着剤に用いる古糊は，酸性であることから，アルカリ性の和紙で中和している，あるいは本紙の酸化劣化の進行を抑制する効果があると考えられている。

③ 石州紙

島根県石見地方で生産され，古くは大福帳などの帳簿類に用いられた石州半紙として知られている。帳簿類に用いられるということからも分かるように，保存性が高く，水ぬれにも強いのが，石州紙の特徴である。原料の楮も，紙が生産されている石見地方にて栽培されたものが使用されている。折り曲げの強度が群を抜いて優れていることはよく知られており，その強靭性は，紙を漉く前の原料処理にある。薄美濃紙などの原料処理では，楮の表面の黒皮を剥ぎ取り，薄皮の白い部分だけを用いることで，白くきめの細かな紙を作るが，石州紙においては，薄皮を削るときに緑色の甘皮と呼ばれる層を残して原料とする。この原料処理によって，緻密で耐久性の高い紙となるのである。主に屏風装や襖障子装の下張り工程における下浮け層や，上浮け層に用いられる。また，屏風装においては，可動部分である蝶番には，高い耐久性が求められるために，石州紙が用いられる。

なお，流通経路や産地と修復作業現場の物理的な距離のためであろうか，関東地方で実施される装潢修理では，石州紙ではなく，埼玉県小川町で生産されている細川紙が用いられることが多い。この細川紙は石州紙と同様に強度の高い紙として評価されている。

　以上のように紙の産地によって使用する楮の栽培される地域が異なる。楮が栽培される地域の気候が，完成した和紙の風合いに影響することが，各地域の紙漉き現場で使用する楮の産地が異なる理由の1つであると考える。例えば，那須楮を使用すると，シャキッとした張りのある和紙となるが，土佐楮で漉いた和紙は，それに比べて柔らかい仕上がりとなる。

3．保存修復に必要な材料の危機

　良質な手漉き和紙の生産者，さらには和紙を漉くための桁や簀の製造者の高齢化や後継者の減少が止まらない。加えて良質な手漉き和紙の原料である楮を栽培する農家の戸数減少も深刻化している。例えば，高知県内における「土佐手すき和紙生産量は，昭和28年の2,305トンをピークに統計の残る平成17年には13トン〈ピーク時の約0.6％〉にまで減少して」おり（高知県2018），現在ではさらなる減少が進んでいることが予測される。また，和紙を漉くために欠くことのできない簀や桁などの用具職人不足の解消のため，「全国手漉和紙用具製作技術保存会」が文化庁の補助を受けて全国を対象に後継者の育成研修を行っているが，厳しい状態は続いている。

　装潢修理技術を支えるさまざまな材料，道具が直面している問題は，高知県におけるこの例だけではなく，あらゆる分野において深刻な状態である。和紙のほかにも掛け軸を仕上げるために必要な金襴や緞子といった手織りによる裂地の生産，文化財本体を安置する際に必要不可欠

第9章　文化財の保存修復で使用される材料 | **139**

な桐箱の原料となる桐の栽培，屏風や襖の周囲に装着する襲木に必要な良質な漆や金工品などの装潢修理の周辺材料と道具は，現在まで継承されている技術が途絶えてしまうと，代替が効かず，危機的な状況である。

　2022（令和4）年度より文化庁では，以上のような危機的な状況に対応すべく「用具・原材料の安定した供給と生産技術・修理技術の記録保存，修理技術者の養成や修理に関わる職員や学芸員のための研修，情報発信などの事業に，中長期的な視野に立って継続的に取り組む拠点を構築することを目的」[1]とする文化芸術振興補助金による，文化財の保存修復に必要な用具原材料の安定的な確保の支援が始まった。2023（令和5）年度現在，宇陀紙の生産に必要な粘材の原料であるノリウツギの安定供給や表装裂地の生産の分野において早くもその効果を発揮し，さらなる支援事業の枠組みの拡大や発展が期待されるところである。

4．文化財を彩る表装裂地

　修復が完了した装潢文化財には，さまざまな種類の裂地が取り付けられ，本紙を飾ることになる。どのような意匠の裂地が付けられるかによって文化財の格に影響を及ぼすことがあり，裂地を新調する場合には，修復に携わった関係者の高い見識や美意識が問われる。修復材料から話題が少しそれるが，装潢文化財の修復において，表装裂地という材料は非常に重要な存在であるので，修復材料としての裂地への理解を深めるために，掛け軸装を例に表具について改めて考えてみたい。表装裂地を本紙に合わせることを「裂地を着せる」という。文化財の保存修理技術の礎であり，新作の書画を装丁する伝統工芸の技術として知られている表具技術という視点なくして，裂地のことは語れない。保存修復からさらに視野を広げて，表具技術という分野から裂地のことを考えてみたい。

---

[1]　https://www.bunka.go.jp/seisaku/bunkazai/joseishien/bunkageijutsu_sinkohi_hojokin/r4/index.html（2024年2月22日アクセス）

5．表具の役割

　書画の周囲に色とりどりの紙や裂地と呼ばれる布を廻して飾り，鑑賞や礼拝などを可能にするために装丁することを表具と呼ぶ。本紙である紙や絹は，それだけでは弱く，不安定な状態であるので，完成後には，それぞれの用途に応じた装丁に仕立てられる必要がある。床の間や梁にかけて楽しみ，用が済めば細く巻いて箱に収めて片付けられる掛け軸装や，手元で巻き解きを繰り返しながら展開する巻子装，大画面にて建物内の空間を仕切り，あるいは華やかに空間を飾る屏風装や襖障子装など，表具と呼ばれる装丁の様式は，書画の用途や大きさに応じてさまざまである。多くの人々は，美術館や博物館での観覧，寺院の拝観，あるいは茶会への参加などを通じて，これら表具を目にする。ここからはさまざまな種類の表具の中で，比較的に目にする機会が多く，かつバリエーションが豊富な掛け軸を中心に表具について考える。

　掛け軸は，書画の内容や用途に応じて，その様式が選択される。鑑賞性の高い書画のための三段表具（**図9-1**），信仰の対象となる神仏を題材とした書画に採用する仏表具（**図9-2**），そして文人画を仕立てる袋表具（**図9-3**）などがある。もちろん様式はこの3種に限定されることはなく，「変わり表具」と包括的に区分して，自由な発想で掛け軸は製作できる（**図9-4**）。三段表具の場合，本紙と呼ばれる書画の天地辺に近い方から一文字，中，上下と呼ばれる位置に3種類の色と文様の異なった裂地が付け廻される。ここでは例として用いる三段表具の裂地の模式図を図9-5に示す。①本紙（書画），②一文字，③中，④柱，⑤風帯，⑥上下と配置される。③と④をまとめて中縁と呼ぶ。なお，本紙の上側に配された一文字を「一文字の上」，下側は「一文字の下」と呼ぶ。中についても同様に「中の上」「中の下」と呼び分ける。なお，仏表具

第 9 章　文化財の保存修復で使用される材料 | 141

図9-1　三段表具（探幽
　　　　縮図　個人蔵）

図9-2　仏表具（文殊菩
　　　　薩像　高山寺蔵）

図9-3　袋表具（草花図
　　　　個人蔵）

図9-4　変わり表具（扇面新
　　　　居雅会図　個人蔵）

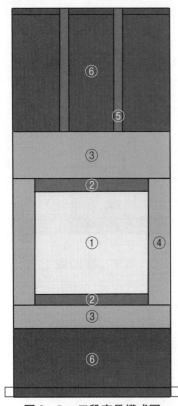

図9-5　三段表具模式図

については本紙の周囲を取り囲むように色や文様等の異なる2種類の織物が付けられる。本紙に近い方を中廻し，外側を総縁と呼ぶ。また，袋表具では，本紙の天地に太い一文字が付けられ，全てを取り囲むように総縁が付けられる。

　この掛け軸をはじめとする表具には，本紙を守るという役割がある。掛け軸の場合，本紙の周囲に付け廻された裂地によって，掛け軸本体を巻き解きする際に，本紙の表面に手指が触れるリスクはほぼない状態となる。同時に表具には本紙を装飾，荘厳する役割があり，裂地の色や文様の選択によって，本紙の印象が変わる。この本紙を守り，同時に装飾する表具の役割は，西洋絵画の額縁になぞらえることができる。西洋において額縁とその中心にある絵画は，「常に一体となって存在し，室内の調度品としての役割」を果たしてきた（小笠原2008）。調度品としての絵画と，それが飾られる空間をつなげる役割を額縁が果たしているのと同様に，周囲に付け廻された裂地は，本紙を守り，そして飾りながら，掛け軸が掛けられる床の間などの場所を含んだ空間全体や鑑賞者と本紙をつなぐ役割を担っているのである。掛け軸を製作する表具師を，インテリアコーディネーターに例えるのは，表具師が裂地を選ぶ際，本紙に似合うというだけではなく，

掛け軸が掛けられる室内空間とのバランスを考えるからであろう。茶室にある襖や障子，壁の色などの空間全体を視野に入れながら，裂地は検討される。美術館や博物館に展示されることを前提としている本紙に合う裂地を選ぶ場合には，展示される場所の照明の具合への配慮が求められる。個人コレクションに属する本紙であれば，そのコレクションの表具に見られる傾向などを意識しながら，裂地の選択をすることも決して珍しくはない。

6．書画を彩る裂地

　掛け軸をはじめとする表具に用いる裂地には，金襴や銀襴，緞子，さらには綾や錦，紗や羅，竹屋町などがある。また，裂地の基調となる色は染料により着色される。7世紀に大陸からわが国に伝えられ，仏像や寺院建築の彩色に用いられた繧繝彩色に含まれている紺，丹，緑，紫に加えて茶，さらには白や黒，灰色といった無彩色まで，裂地の色はさまざまである（國本2017）。多種多様な組織，色，文様の裂地の中から，本紙に適切な裂地を選択して組み合わせ案を検討する工程を取り合わせと呼ぶ。以下に主な裂地について簡単に説明を記す。

① 金襴，銀襴（図9-6）

　金襴は綾織や繻子織の地組織に金箔を細く裁断した平金糸で文様を織り込んだ織物。金箔の代わりに銀箔が用いられると銀襴となる。日本には鎌倉時代頃に宋の禅僧などによってもたらされた。さらに，室町将軍などによって，元・明時代の絵画と共に，さまざまな金襴などが輸入され，掛け軸そのものが名品として伝えられているものも少なくない。三段表具の一文字や中縁，仏表具の中廻し，袋表具の太一文字などに用いられることが多い。

図9-6　紫地角龍文金襴

図9-7　浅葱地牡丹唐草文緞子

② 緞子（図9-7）
　繻子織を応用して異なる色に染めた経糸(たていと)と緯糸(よこいと)を用いて文様を表現した絹織物。金襴のようなきらびやかさはないが，気品ある光沢が魅力である。三段表具の中縁や袋表具の総縁などに用いられることが多い。

③ 綾（図9-8）
　金襴や緞子と異なる単色の織物。白生地として織り上げてから，好みの色に染色する仏表具の総縁に用いられることが多い。

④ 錦（図9-9）
　複数の色糸を使って文様を織り出した織物の総称。経糸で文様を出す経錦と緯糸で文様を出す緯錦がある。平安時代の仏画（特に曼荼羅）の総縁として用いられることがある。

⑤ 紗・羅
　からみ織の一種である。経糸をよじらせて緯糸を織り込む。紗は薄物として夏の装束にも多く用いられている絹織物である。紗に刺繍（縫い）を施したものが縫紗(ぬいしゃ)，金糸の縫いを施したものが金紗と呼ばれる。羅は紗よりもさらに複雑なからみ織である。奈良時代に製作されたものは正倉院に伝えられているが，非常に高度な技術を要するためか，平安

図 9-8　綾（応夢衣）

図 9-9　丹地羯磨文錦

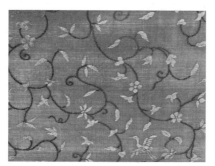
図 9-10　茶地鶴唐草文竹屋町

時代中期以降は衰えた．現代ではごくわずかながら復元技術によって生産されることがある．紗，羅共に巻子装の表紙や金箔を密着させた印金として一文字などに用いられる．

⑥ 竹屋町（図 9-10）
　紗地に平金糸や色糸で刺繡を施した日本製の裂地．17世紀に中国から堺に技術が伝わり，京都の竹屋町で織られたことが名前の由来である．近代日本画の一文字や中縁に使われることが多い．

7．裂地の取り合わせ

　本紙に適切な裂地を選ぶ取り合わせ作業は，着物を選ぶ過程に見立てて，「本紙に裂地を着せる」と表現する。着物を仕立てるとき，生地を肩越しに掛けるなどして，似合う生地を選ぶ。そのときに，肌や髪の色と生地がどのように響き合い，着る人物の顔色が明るく華やかに見える，あるいは落ち着いて見える，さらには血色が良く，はたまた反対に悪く見えてしまうなどの検討をする。

　裂地を着せる対象となる本紙は，豊かな色彩で描かれている仏画，やまと絵，墨の濃淡で表現する水墨画から，楷書，行書などで記された古筆や墨蹟まで，多岐にわたる。着物の生地を肩越しに掛けるように，裂地を本紙の周囲に添えることによって，書画本体の見え方には，明るい，あるいは落ち着きがある，または締まって見える，広がりを感じるというような印象変化が生じる。あくまでも主役は本紙であり，本紙の見え方を引き立てる名脇役として裂地があることが基本となる。

　例えば，三段表具の裂地を選ぶ場合には，本紙に近接し，かつ面積が大きい中縁の裂地から選ぶのが定石である。本紙の中に多用されている色，あるいは強い印象を放っている色と同系色，あるいは補色関係にある色の裂地を選ぶのが，一般的な裂地の色の選択方法となる。その後に，中縁との色や文様のバランスを考えて，一文字と上下の裂地を選択する手順で裂地選びは進められる。

　本紙に似合う裂地を選んだ後には，裂地の割り出し寸法（本紙の周囲に付け廻す裂地の幅や長さのこと）を決定する。掛け軸の仕上がりの幅や，中縁，一文字，上下のおのおのの丈もまた，主役の本紙の見え方に影響する。例として，三段表具の幅を画像によって変化させて比較してみると，わずか約2センチ弱の幅の違いが，見え方に影響を及ぼすこと

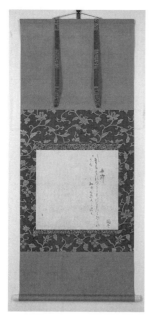 

図 9-11　割り出し寸法の違いによる印象変化

が分かる（図 9-11）。図中の左側の掛け軸は，特に本紙の左右に配された柱の幅の存在感によって，全体にゆったりとした印象のある掛け軸となっているが，右側の掛け軸は，細身になって，繊細な印象を与える。

この割り出し寸法については，例えば，上，中の上，一文字の上の寸法比率は，「一文字は中の4分の1」「中は上の3分の1」を目安とする（山本1980）。かつ本紙の上側と下側の裂地の寸法のバランスは一文字，中，上下のいずれも，下の寸法が1に対して，上はおよそ1.7から2という比率とするのが基本である。これは，掛け軸を見る姿勢が，床の間に向かって正座し，やや上方に視線を送って鑑賞することを前提としているからである。しかし，生活様式の変化や，掛け軸を掛ける空間が茶

室ではなくなると，この基本的な裂地の割り出し寸法とは異なる掛け軸が製作されることになる。

8．修復材料としての接着剤

　本章の最後に，装潢文化財を修復する目的である構造補強に必要不可欠な接着剤について解説をしておく。

　装潢文化財の修理に用いる接着剤の種類は決して多くはない。構造補強のために和紙を接着するのは小麦澱粉糊である。第8章でも述べたように小麦澱粉糊には接着力の強い新糊と，大寒の時期に仕込んで約10年の熟成期間を経て完成する，接着力の弱い古糊がある。これら澱粉糊を積層構造に構築する際に絶妙に組み合わせることによって，掛け軸装や巻子装においては，しなやかな巻き解きが可能になるのである。掛け軸装や巻子装の場合，本紙の裏面に肌裏紙層を接着するときにだけ新糊が用いられ，増裏紙層以降の接着には古糊が用いられる。新糊，古糊の両者共に，使用される都度に水によって希釈されて，適正な濃度に調整される。特に乾燥後のしなやかさを担保するために古糊については重量比で約1～2％に希釈されて接着に用いられる。指で触っても微妙な粘着性しか感じることができない程度の接着力しかない状態で使用する。そのため古糊を用いた接着工程においては，古糊を塗布して密着させた後，打刷毛と呼ばれる硬い毛先の大型の刷毛で和紙の表面を叩打して和紙を密着させるという高度な接着促進の技術によって構造補強をしながらも，全体のしなやかさを保つことができるようになっているのである。ちなみに，この打刷毛についても製作者が減少しており，製作技術の安定的な継承が求められている状況である。

　他に表打ちの工程（第8章参照）や運搬時の仮養生には布海苔が用いられる。また，絵具の剥落止めには，牛の皮等を原料とした膠が用いら

れる。日本画材料としてよく知られている三千本膠については地域ぐるみの伝統的な生産については途絶えており，修復材料として望まれる，透明度の高い膠についても生産量は限定的で，良質な原料の入手や適切な生産技術の継承についても注視が必要な状況であり，楽観視はできない。

　ここまで紹介してきた修復材料としての接着剤は，手漉き和紙と同様に永らくわが国で使われてきた素材であり，かつ，全て水溶性という点が共通点である。次の修復作業の際には，これらの接着剤は水で膨潤し，ある程度の除去が可能な存在である。このような視点から，修復の原則である可逆性（作品を介入前の状態に戻す可能性）にのっとっていることが分かる。

9. おわりに

　太平洋戦争の終結後に米国から，新たな接着剤としてポリビニールアルコール（PVA）が紹介され，文化財修復の現場に導入されたことがあった。溶剤に溶いて用いるこの接着剤は浸透力もあり，素早く接着ができるということで，装潢文化財の剥落止め作業においても重宝された時期があり，数多くの国宝や重要文化財に指定されている障壁画の剥落止め作業に使用された。しかしPVAは，施工時には水溶性であったにもかかわらず，劣化の過程で不溶化することが明らかとなった。そこで，現代の修復作業では可能な限り除去することが望ましいとされているが，既述の伝統的な接着剤と比べると除去が困難であるという厳しい現実がある。また，膠に比較してPVAが塗布された箇所の絵具の発色の沈み込みや経年劣化による白化現象が深刻な事例となっている。

　このような過去の経験から，本章で紹介した通り，少なくとも数百年にわたって使用が継続されている修復材料を使用することが，修復現場

にとっての理想であり，そのための良質な原料や生産・製造技術の確保が修復材料の分野における喫緊の課題なのである。

参考文献

尾鍋史彦『紙の文化事典』（朝倉書店　2006　p.177）

高知県『土佐和紙総合戦略』（2018　p.5）
　　https://www.pref.kochi.lg.jp/soshiki/150501/files/2018102300216/
　　file_20181151175220_1.pdf（2024年2月9日アクセス）

小笠原庄司『額縁への視線―額装というデザイン―』（八坂書房　2008　p.14）

國本学史「日本における色彩論受容」『日本色彩学会誌　第41巻　第1号』（2017
　　pp.3-13）

山本元『表具の栞』（芸艸堂　1980　pp.59-70）

10 | 大規模自然災害と博物館

小谷竜介

《目標＆ポイント》 博物館が被災するということはどういうことだろうか。大規模な自然災害が起こると，博物館も被害を受けることがある。こうした事態に直面したときに，どのような対処がなされるのか。本章では，博物館の被災を考えたあと，事例を通して，博物館の取るべき対処，そしてその後の再開館に向けた取り組みから見える課題と意味を考える。

《キーワード》 災害，博物館の被災，文化財レスキュー事業，応急処置，復興

1．博物館の被災

（1） 災害時の博物館

　災害が発生すると，被災地の博物館にも一定の被害が生じる。災害の被害という場合は，建物の被害がイメージされると同時に，博物館にとっては，収蔵資料の被害も同様に重要な問題となる。たとえ建物が軽微な被害であっても，収蔵資料に多くの被害が出ては元も子もない。さらに加えれば，開館時間など，来館者が多数いる場面での災害は，来館者の安全を守ることこそが最も重要な事項となる。すなわち博物館は，建物自体が安全に造られるとともに，ヒトとモノという両面，そして建物の外部と内部の両面から安全な空間であることが求められる。

　本章では，ここに挙げたような博物館が災害により被災するとどのようなことが起こるのか，東日本大震災を事例にしながら具体的に見ていきたい。

（2） 何が被災するのか

　博物館における自然災害の影響は，2つの側面から考える必要がある。第1の面は施設面の被害であり，第2の面は資料に対する被害である。

　第1の面は博物館に限らず，また私有，公有を問わず，災害時に発生する被害であり，それに対応するために，建築基準法などにより耐震基準が定められ，また消防法により防火を中心とした防災設備が定められている。また，博物館によっては，それ以上の備えをすることもある。そこでは，資料を守るため，設備を守るため，来館者を守るために，スプリンクラー設置区画と，ガス消火器の設置区画を分けるなど，施設ならではの特徴を踏まえた対策を行っている。この点については第12章で改めて説明する。

　第2の面となる資料に対する自然災害による被害とは，地震による倒壊や圧損，洪水による水損，火災による焼損などが想定される被害である。この中で，焼損は取り返しのつかない被災である。現在の技術では，焼失はもちろんのこと，炭化した部位を元に戻すことはできない。焼失した部分と炭化した部分は，新材で補うより手がない。これに対して，地震の揺れなどにより落下した破損や，圧力による傷は，傷自体が消せないことがあるが，ある程度元に戻せる被害となる。水損は，水にぬれることにより変形が生じることがあり，中でも木材などは水損で変形する代表的な資料の素材となる。ぬれることによる膨脹，急激な乾燥による変形や亀裂の拡大など，被災直後の応急処置時には特に注意が必要となる。また，金属ではさびが急激に進むことから，早急な乾燥処置が求められる。このほか，ぬれた状態や，高湿度の環境の中に資料が置かれていると，カビの発生も懸念される。

　こうした課題に対して，それぞれに対処法や修理法が検討・開発されている。その結果，被害がなかったかのような状態に戻せるものもある

し，汚損物質を完全に取り除けはしないものの安定した状態に持っていけるものもある。このように災害で被害を受けた資料の多くは，何らかの応急処置を施すことで，通常環境に置いていてもそれ以上の劣化が進行しないようにすることはできる。

　一方，博物館の実物資料の被災だけを抑えればよいのか，というと必ずしもそうではない。博物館には，フィルムや図面などの2次資料，寄付や購入に関わる記録等がある。こうした関連資料類もまた実物資料同様に再現が不可能なものが多く，かつこれらの関連資料が失われると，実物資料自体の情報が分からなくなり，博物館資料としての価値を減じることにもなる。こうした関連資料もまた，実物資料と同様に被災しない措置が求められる。

2．東日本大震災における博物館の被災

　東日本大震災では，津波による被害という，これまでわが国の博物館の中で経験の少ない災害の事態に遭遇した。津波は海水による浸水であるが，一般的な河川の洪水に比べると，波の勢いが強いという点が大きく異なる。そのため，一般的な施設設備であれば，ほぼ全て破壊されるという事態となる。そして収蔵庫が津波の浸水を受けると，ほとんどの収蔵庫が扉を破られ，内部の収蔵資料が水損する。施設，資料の両面で究極の被災を受けることとなった。

　東日本大震災では，地震の揺れによる被害も各地で見られた。最大震度7を記録した揺れによる人的被害は大きくなかったものの，建物の倒壊は各地で見られた。福島県二本松市では地震により農業用ため池が決壊し，人的被害が生じる水害が生じた。博物館でも，学校校舎などの歴史的建造物を転用した博物館で倒壊が発生した例などが見られた。また，展示中の資料や，収蔵庫の棚から落下した資料の事例も多数ある。地震，

津波だけではなく，東日本大震災の場合，原発事故が加わった複合的な災害であった。その被害はどのようなものであったのだろうか。

（1） 津波の被害

東日本大震災における津波の被害は，青森県から千葉県にかけての一帯を中心に，紀伊半島や九州東岸でも被害が見られた。西日本の津波被害は漁業関連施設が中心であったが，千葉県外房地域から青森県にかけて，広い範囲で甚大な被害をもたらした。津波により宮城県石巻市の市立博物館である石巻文化センターや岩手県の陸前高田市立博物館，山田町の鯨と海の科学館など，収蔵展示を行う博物館施設から，展示のみを行う展示施設，また市町の文化財収蔵庫など多数の文化財を収蔵・展示している施設が被災した。これらは津波により施設が壊滅的な被害を受け，資料も多くが水損した（図10−1）。

（2） 地震の被害

また，東日本大震災では，東北地方から関東地方の多くが震度5弱以

図10−1　被災した石巻文化センター

上，震源地に近い宮城県では県内のほぼ全ての地点で震度6強を記録した。地震による博物館の被害を見ると，展示室における展示資料の転倒・落下，収蔵庫の転倒・落下が各地の博物館で報告されている。また，展示ガラスの破損や，火災時に煙の充満を遅らせるための防煙たれ壁が落下するといった事故が生じたように，資料のみならず来館者にも被害をもたらす可能性のある被害もあった。

（3） 福島第一原子力発電所事故の影響

東日本大震災により発生した福島第一原子力発電所の事故は，広大な避難区域[1]が設定され，その中には博物館も含まれていた。一斉避難となり，博物館も3月11日のまま，年単位で内部の様子を確認できない事態となる施設があった。

避難区域内の博物館をはじめ文化財に対しては，文化財レスキュー事業の中で，避難区域内の状況把握と，避難区域外の救援活動が実施された。さらに，2012（平成24）年度には，福島県が県内関係団体とともに，福島県被災文化財等救援本部を立ち上げ，救援委員会と協業する形で，避難区域から博物館資料を外に搬出し，一時保管収蔵庫に移送する活動を行った。その後も救援資料の状態把握，必要に応じた資料搬出作業等の活動を続けており，2023（令和5）年時点でも福島県被災文化財等救援本部は活動を継続している。

3．石巻文化センター

（1） 被害の様子

東日本大震災における博物館の被害について，宮城県石巻市の市立博

---

[1] 福島第一原子力発電所の事故に伴う避難区域の設定は変遷があり，また対応についても変化している。ここでは，福島県の整理に基づき全体に何らかの制限が設けられている区域を避難区域とする。その変遷については福島県のウェブサイトを参照されたい。https://www.pref.fukushima.lg.jp/site/portal/cat01-more.html（2023年8月27日アクセス）

物館であった石巻文化センターの事例を取り上げる。石巻文化センター
は，東日本大震災を引き起こした東北地方太平洋沖地震の震源に最も近
い自治体である石巻市の市立博物館を含む複合文化施設である。博物館
は，歴史，考古，民俗といった人文系の地域博物館と近現代美術作品を
収集展示する美術館の機能を持っていた。特に石巻市在住の収集家で
あった毛利総七郎の10万点を超す考古，歴史資料コレクションを収蔵し
ていることで知られており，地域の歴史・文化を収蔵する拠点であった。

　東日本大震災の津波は，同館の1階部分を水没させた。当時館内に
残っていたスタッフは，4階に位置する展望室に逃げ込み，そこで数日
を過ごした。1階はホールと事務室，そして収蔵庫4室と資料整理室が
あった。石巻文化センターの展示室は2階に位置し，主として古文書を
収蔵する収蔵庫もあり，これらは津波の被害を免れた。筆者は3月末に
同館を訪れ，施設内を拝見した。1階の床には砂が堆積し，多数のがれ
きが流れ込んでいた。その中には自動車もあり，また，そのそばには焼
けた木材の入ったドラム缶があった。聞くと，避難中の食料として喫茶
コーナーのストッカーにあった冷凍食品を見つけ，これを解凍するため
にたき火をしていたとのことである。まさに極限状態にあったことが実
感された。

　1階の収蔵庫に収蔵されていたのは，第1収蔵庫に毛利コレクション，
第2収蔵庫に美術作品のほか，荷解場前室を改装した収蔵庫に民俗資料，
旧燻蒸室を利用した収蔵庫に考古資料となる。これらの資料は後述する
第1収蔵庫を除き，水没し，水損した。当面の課題として，この水損し
た資料の救援活動が必要となった。こうした事態を予想し，発災2日目
となる3月13日より文化庁が中心となって，「文化財レスキュー事業」
を企画した。

（2） 文化財レスキュー事業

　文化財レスキュー事業，正式には，「東北地方太平洋沖地震被災文化財等救援事業」は，博物館資料など動かせる動産文化財を対象に，被災した現場から取り出し（救出），安全な場所に移動して管理し（一時保管），それ以上，急激に劣化が進まないよう処置を施す（応急処置）という内容の事業である。この事業を通して，東日本大震災の津波により被災した博物館資料の多くが救援された。特に，岩手県の陸前高田市立博物館と，宮城県の石巻文化センターは，展示室とともに収蔵庫を持ち，複数の学芸員を有する本格的な博物館であった。そのため，津波により10万点を超える資料が被災し，その救援活動は長期にわたることが予想される事態であった。

　文化財レスキュー事業では，事務局を務めた独立行政法人国立文化財機構を中心に日本博物館協会や全国美術館会議，国立歴史民俗博物館や国立民族学博物館が属する人間文化研究機構，文化財科学会，文化財保存修復学会といった博物館や文化財に関わる組織が広く連携して，東北地方太平洋沖地震被災文化財等救援委員会（以下，救援委員会）を組織し，レスキュー隊に加わって活動を進めた（図10-2）。

　宮城県では，石巻文化センターの救援活動の実施が最大の課題であり，そのための組織づくりに取り組んだ。特に，県内の博物館，市町村文化財部局との県内の連携を図り，レスキュー隊に加わる体制を構築した。こうして，文化庁による文化財レスキュー事業のレスキュー隊に宮城県内の関係者が加わり，石巻文化センターでの救援活動に取り組むことになった。この詳細は各所で報告されているので参照されたい（救援委員会編2012 ほか）。

　文化財レスキュー事業は，動産の文化財，文化財類型では有形文化財のうち美術工芸品と有形民俗文化財を対象として行われた。この事業の

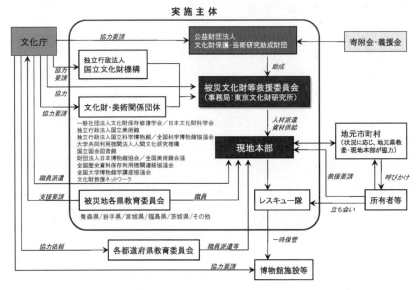

図10−2 東北地方太平洋沖地震被災文化財等救援事業（文化財レスキュー事業）

重要な点は，あくまでも文化財，資料，作品を安定した場所，状態にするまでが対象であり，その後の管理等は，事業主体である救援委員会ではなく，地元（被災地の文化財行政や博物館等）に任されるということである。もちろん，救援委員会に参画している団体が，応急処置が終わったからといって，必ずしも立ち去るものではなく，多くの現場ではその後も中長期的な関係を持ち，支援を行っていたことは付記しておく。

（3） 石巻文化センターの文化財レスキュー活動

　石巻文化センターは，1階部分に津波が浸水した。センター内は1階に事務室，収蔵庫，2階に古文書等を中心とした紙資料の収蔵庫と展示室があった。2階の資料は水損しておらず，展示資料も無事であった。

しかし，建物が浸水したこともあり，館内は高湿度状態となっており，カビの発生が懸念されたことから，全ての資料を緊急保管場所に移送する計画であった。しかしながら，津波被害を受けた1階の資料をまずは優先して移送する必要があること，一方で，大量の資料を移送することから一度に作業が行えないため，2階に仮保管場所を設けるなどの対応を行った。

　1階には，毛利コレクションを収蔵する第1収蔵庫，美術作品を収蔵する第2収蔵庫と，開館当初の収蔵場所が手狭になったことから収蔵場所を確保するためトラックヤードを改修した収蔵庫に民俗資料や考古資料が収められていた。民俗資料の収蔵庫は，津波により，シャッター部分を隠すように覆っていたモルタルの壁が失われており，開口している状態になっていた。幸い収納状態であったシャッターがまだ使用可能であり，シャッターを下ろすことで施錠することができた。収蔵庫前室にはがれきがうず高く積もっており，収蔵庫の扉は，第1収蔵庫は特に変化がないものの，第2収蔵庫，考古資料の収蔵庫は扉が開いており，収蔵庫内まで浸水したことが確認された。民俗資料の収蔵庫からは外が見える状態になっており，資料が流失していることが想定された（図10-3，4）。

　文化財レスキュー事業の最初の案件として実施された石巻文化センターのレスキュー活動は，4月20日に開始された。文化庁，国立文化財機構，宮城県，仙台市の関係者が集まり，活動を開始した。レスキュー活動の最初は，がれきの撤去であり，作業には1週間ほどかかった。そののちに，保存上，最も繊細と考えられた美術作品から順次資料の救出作業に取りかかり，ゴールデンウィーク前に救出を終えた。同時に，第1収蔵庫の扉を開けたところ，同収蔵庫は浸水が数センチメートルで収まっており，床置きの資料に一部水損が見られたものの，棚に置かれた

図10-3　収蔵庫前室の被害状況　　図10-4　救出活動の様子

資料は無事であることが確認された。以後6月ごろまで救出作業が継続された。

（4）　石巻市の対応

　救援を受けた石巻市の側では，津波で被災し廃校が決まった湊第二小学校の校舎を収蔵庫として確保し，被災資料を収蔵することになった（石巻市博物館2023）。石巻市は2005年，いわゆる平成の大合併時に1市6町による合併を行っており，東日本大震災発災時には合併より6年が経過した時点であった。旧町で収集していた資料は，各町の収蔵場所にそれぞれ保管されており，このうち，旧牡鹿町，旧雄勝町の収蔵場所も津波の被害を受けた。石巻市では，石巻文化センターの資料とともに，両町の資料も旧湊第二小学校収蔵庫に収蔵していくことになった（図10-5）。

　石巻市では，国庫補助金などを使い，津波で被災した1階を改装するとともに，2階，3階の教室を収蔵庫として改修し，全ての資料を収蔵管理する体制を整えた。教室を収蔵室として改修するに当たっては，収蔵資料ごとに環境要件を定め，外気を成り行きに任せ，暗幕による外光のみ管理する部屋から，温湿度管理を行う部屋までいくつかのタイプの

図10-5　小学校の教室を使用した収蔵庫

収蔵室を整備した。

　石巻文化センターの資料は，先述した通り，資料の多くにパルプ片が付着したこともあり，民俗資料についても水道水を用いた洗浄を行っていた。一方，そのほかの石巻市の大量の民俗資料は，洗浄によるウェットクリーニングをすると，乾燥時の変形などの管理が難しいことが指摘され，可能な限りウェットクリーニングを行わない対処が選択された。これが功を奏したのか，石巻市の資料は表面のクリーニングのみで比較的安定した状態を維持でき，旧湊第二小学校収蔵庫に移送したあとでも再処置が必要な資料は少なかった。

　一方，文化財害虫への対処は悩まされた。トラップによる調査では，さまざまな文化財害虫が捕獲された。外部からの侵入口を一つ一つつぶしていき，またIPMの手法で清掃などを続けることで安定した環境を作る取り組みを行った。旧湊第二小学校を改修するに際しては，地元宮城県立の博物館である東北歴史博物館や，文化財レスキュー事業で救出に関わった東京文化財研究所，筑波大学など外部の専門家がアドバイスを行い，また環境構築に関わった。そして技術移転を行い，石巻市の学

芸員が文化財害虫への対処を担うようになっていった。こうした動向は，支援を受けながら自立していく，被災地支援の１つのあり方をよく示している。

４．新博物館の取り組み

（１） 毛利コレクション展示施設計画

　石巻文化センターの災害復旧は，津波浸水地域であることから，現地での再建が困難であり，新たな場所での新築移転となった。ホールやギャラリーなども併設する複合文化施設であった石巻文化センターは，東日本大震災前に，改築が予定されていた石巻市民会館が被災し解体されたこともあり，一体の施設として再建されることになった。

　石巻文化センターでは，震災前の時点で，毛利総七郎の収集による個人コレクションである毛利コレクションの市への寄贈を受けて，同コレクションの常設展示のために，常設展示のリニューアルが予定されていた。毛利コレクションは，考古資料，アイヌ民族資料で知られるが，それ以外にも，和鏡や灯火具，喫煙具といった生活用具，マッチラベルや駅弁の包装紙といった近代のコレクションまで多様な歴史資料を含むコレクションである。この毛利コレクションを博物館の中心コレクションとして再編しようとする計画であった。その収蔵のため，2010年度には収蔵庫を改修し，2011年度から展示リニューアルのため休館する矢先の被災であった。こうした経緯もあり，新博物館では，計画していた展示リニューアルプランを基に進められることになった。

（２） 新博物館のコンセプト

　毛利コレクションの展示は，新博物館でも中心的な位置づけとなる。同時に2005年４月の石巻市と周辺５町との合併，いわゆる平成の大合併

による市域の拡大への対応も必要であった。そうした新常設展示のコンセプトについては，被災前の2010年度に定めていた。新博物館ではこのコンセプトを基に展示を作っていくこととなった。逆に東日本大震災については，自館の被災のみならず，甚大な被害を受けた市域の展示が弱くなっているきらいがある。東日本大震災はまだ進行中であり，石巻市でも東日本大震災復旧事業の終了式典は博物館の再開館から遅れること２年，2023年11月に行われたことから分かるように，常設展示に位置づけるのはまだ難しいところでもある。眼前に広がる確実に後世において歴史事象になることが明らかな出来事を展示の中にどのタイミングで反映させるかは判断に悩むところである。新博物館では展示のコンセプトとして「大河と海にはぐくまれた石巻」を設定し，展示を構築している。例えば民俗資料については，「「そのものを使ったことがある人，少ししか使っていないけど何となくわかる人，そして全然知らない人の，三世代の人が集まってああでもない，こうでもないと，語り合ってもらえる場所に」という想い。これは展示場が新たなフィールドワークの現場になること。「そういう想いに展示が活用される空間」」（香月2023）として構築されている。そして，その中では，東日本大震災の文化財レスキュー事業についても触れたコーナーが設置されている（**図10-6**）。

　同時に現在の学芸員は次のようにも記す。

　しかし，文化財レスキューの「その後」の課題は少なくありません。前述したように，過去の調査記録が被災し，ほぼ全ての写真データが失われ，一部の目録や資料調書は滅失してしまいました。そのため，過去に調査した資料であっても再整理の必要が生じたものも少なくありません。

　また，震災から年月を経るなかで，学芸員も世代交代し，すでに現

図10-6　開館した石巻市博物館が入るマルホンまきあーとテラス（石巻市複合文化施設）（石巻市博物館提供）

在の博物館学芸員は石巻文化センターやその収蔵資料を知らない世代になっています。以前の調査経験や「記憶」がないため，残された調査記録から整理状況を把握し，再整理の道筋を立てていますが，わからないことも多く，しばしば壁に直面します。

　そういった状況ではありますが，博物館開館時には，震災や文化財レスキューの記憶を継承すべく，震災時に文化センターに勤務していた職員に聞き取りを行い，写真データと当時の作業とをひもづけるなどの取組を行いました。

　博物館開館からさらに時間が経てば，いずれ震災や文化財レスキューを見聞きした職員さえも知らない世代が学芸員になります。そのときに，「記録」とともに「記憶」を引き継ぐようにすること，それが当館の課題の一つです。

展示解説書「石巻市博物館　東日本大震災から開館2年目までの歩

み」（石巻市博物館2023）にはこう記されている。ここで重要な点は，被災し救出された資料は，それだけでは展示等に使えず，それがどのような資料であるのかという，資料に関わる関連資料を再生するための苦労が記されていることと，次世代の学芸員まで意識した今後の取り組みの必要性を訴えていることである。博物館の被災に際して，外から多くの支援が入り，救出し応急処置を施すまでの助力を得ることができる。しかし，一番大切なのは，それをもう一度博物館資料にすること，そして，資料とともに，その来歴を次世代に渡していくことである。それは，外部の支援だけでは立ち行かず，博物館の学芸員を中心としたスタッフ全体で主体的に取り組んでいく必要がある。まさに，新しい博物館が建設され，展示がオープンしたのは，博物館の復興のゴールではなく，出発点になるのである。

5．博物館の復興

（1） 博物館の復興とは

　災害後に取られる事業には，復旧事業と復興事業がある。復旧は「旧に復する」とある通り，被災する前の状態に戻すことを意味する。公共建築物の場合，災害を受けると，国庫より災害復旧事業として交付金が出される。これを受けて地方公共団体は，公立施設の修理を進めるのが一般的である。この際，強く求められることは，被害を受けたところのみ，被災前の状態に戻すことである。壁に生じたひび割れであれば，ひび割れたところのみを補修するだけとなる。

　一方，復興は，「復し興す」となるように，被災前の状態から一歩進めることを意味する。被害を受けた博物館は，そのまま復旧するだけで良いのであろうか。もちろん，今回紹介した石巻文化センターのように，建物が新築される以上，まったく同じにように戻ることはない。また，

同じ機能，同じ展示ではなく，被災したという経験をどのように生かす
のかが問われている。当然ながら，博物館には観光地で観光客を主な対
象とする館もあれば，地域の資料を集め，地域住民が来館者の中心とい
う館もある。被災した博物館がどのような博物館なのか，主な来館者は
どのような人たちか，収蔵資料は何か，そういう設置の目的との関わり
も考えなければならない。その上で，どのように復興していくのかを考
えていく必要がある。

　石巻市博物館となった旧石巻文化センターは，もともと予定していた
展示改修計画を基に，発展させて作られている。同時に，先に引用した
ように，石巻市博物館では，その展示が「フィールドワークの場にな
る」というこれまでにないコンセプトを追加し，資料を学芸員だけでは
なく，来館する市民も巻き込んで考えていく場として意識していること
が，被災地石巻市の博物館として大切な点である。

（2）　地域のための博物館

　博物館は多様な機能を有している。そして収集される資料は，収集方
針に基づきコレクションとなっている。そしてその資料の多くは，生み
出され使用された場と関わりを持った存在である。特に地域に立地し，
地域の資料を収集する博物館は，生み出され使用された場所との関わり
が強い。こうした地域のための博物館が被災するということはどういう
ことであろうか。地域の博物館は地域で書かれた古文書，地域で使われ
てきた生活用具，地域を題材に地域で制作された美術品といった資料を
中心に収集されている。博物館に収蔵されている資料は，印刷物や近代
の大量生産品を除き，手作業で作られたものであり，同じものは1つも
ない。また，大量生産品も含めて，その地域においてなんらかの目的を
持って使用されてきたものであり，複数あることも含めて一定の意味を

有している。

　地域に由来する資料が被災をし，そのまま放置されて廃棄されること
は，まさに地域において，地域の環境をふまえて，先人たちがどのよう
に工夫をし，暮らしてきたのか，その証拠を失うことになる。特に生活
用具が中心となる民俗資料は，一見すると同じように見えることが多く，
また収集対象が多いことから多くの博物館で収蔵管理の問題が指摘され，
廃棄の問題が出てきている（東京文化財研究所無形文化遺産部2024）。そ
うした性格を持つ資料が被災をすると，おのずと廃棄の議論が出てきが
ちである。東日本大震災でもそうした対応を見聞した。もちろん，劣化
によっては保存自体が難しいということもある。その中で，必要な資料
を把握し，被災しても残す必要がある資料，記録だけでも残す必要があ
る資料，そうした判断ができるだけの調査を進めておくことが必要であ
る。

　災害，特に大規模災害では，地域社会が大きく被害を受ける。東日本
大震災では，津波のため，沿岸地域では，その後の復興事業を通して，
いわゆるニュータウンのような家並みの地域社会が，それまであった場
所ではなく，新しい場所に生まれた。そうした変化は，近年の第一次産
業従事者の減少など，社会全体の変化を踏まえれば一概に否定されるも
のではない。しかし，日本全国が画一化したニュータウンになればよい
のか，といえば，必ずしもそうではない。そうした中で，博物館は，自
分の住む地域の特徴を，説明だけではなく実物資料を通して伝えること
ができる場となる。たとえ被害を受けても，また軽度な被害であっても，
地域の変化を見据えて，博物館は災害後に復興し，新たな価値を加えて
存続していく必要があるのである。

参考文献

石巻市博物館『石巻市博物館　東日本大震災から開館2年目までの歩み』（2023）

香月洋子「研究会報告　第160回日本民具学会研究会　オンライン展示解説会　新しい石巻市博物館の常設展」『民具研究』165（2023　p.35）

東京文化財研究所無形文化遺産部『民具を継承する　安易な廃棄を防ぐために：第18回無形民俗文化財研究協議会報告書』（2024）

東北地方太平洋沖地震被災文化財等救援委員会編『東北地方太平洋沖地震被災文化財等救援委員会活動報告書　平成23年』（2012）

東北地方太平洋沖地震被災文化財等救援委員会編『東北地方太平洋沖地震被災文化財等救援委員会活動報告書　平成24年』（2013）

11 | 被災した文化財の再生

日髙真吾

《目標＆ポイント》 災害は，ライフラインに大きな被害を与えることはいうまでもないが，被害の中には被災地の文化を表象する文化財も含まれる。もちろん，災害時においては，何よりも人命の救助を最優先し，被災地のライフラインの復旧に努めなければならない。したがって，被災した文化財の救援活動は，被災地の社会生活がある程度の復旧を終えてからということになる。被災した文化財を再生するためには，安定した環境での恒久保管，さらには次の災害への備えとするための防災までを視野に入れなければならない。せっかく救出しても，保管できる場所がなかったり，文化財としての情報が不明な状態になったりすると，そのことが理由となって，廃棄されることが懸念される。そこで，本章では，自然災害で被災した文化財を再生するための作業内容について学ぶ。

《キーワード》 災害，被災，文化財，文化財レスキュー事業

1．文化財レスキュー事業の活動

　被災した文化財を再生するための作業内容は，次の8つのステージがある。

　　①救出　　　②一時保管　　③応急処置　　④整理・記録
　　⑤保存修復　⑥恒久保管　　⑦研究・活用　⑧防災

　この中で，①救出，②一時保管，③応急処置は，文化財レスキュー事業の活動となる。そして，④整理・記録，⑤保存修復，⑥恒久保管，⑦

研究・活用，⑧防災は，文化財レスキュー事業後の活動となる。すなわち，被災した文化財の再生では，活動の場が2つに切り分けられる。

　文化財レスキュー事業とは，自然災害により被災した美術工芸品を中心とする文化財等を緊急に保全し，廃棄・散逸や盗難の被害から防ぐため，災害の規模や内容に応じて文化庁が立ち上げる事業である。そして，文化財レスキュー事業の活動の柱となるのが，救出，一時保管，応急処置の活動である。

　文化庁が立ち上げた文化財レスキュー事業は，1995年の阪神・淡路大震災で初めて行われ，その後，2011年の東日本大震災，2016年の熊本地震でも実施された。また，文化財レスキュー事業の体制と枠組みは異なるものの，2005年の中越地震，2007年の能登半島地震，あるいは2019年の東日本台風等において，被災した文化財に対する支援活動が行われている。そして，これらの災害で行われた文化財レスキュー事業は，常に過去の経験を生かしながら実施されることで，文化財レスキュー事業の体制づくりや活動内容等がスパイラル的な発展，すなわち，段階的かつ継続的な発展を遂げている。

　文化財レスキュー事業で最初に行われる「①救出」は，床面に散乱しているがれきやガラスの破片を取り除きながら，埋没している文化財を探し出していく作業である（図11-1）。また，河川の氾濫や津波などによる水害では，川底や海底のヘドロが被災現場に流入するため，そうしたヘドロをかき出す作業を行いながらの作業になる。このとき，文化財なのか，がれきやごみなのか，判断がつかないものが多数出てくる。そうした際には，「文化財かもしれないから，まずは救出の対象としよう」という判断のもと，すべてを救出の対象とすることが望ましい。いったん廃棄されてしまうと，二度と取り戻すことはできない。その後の整理作業で，結果としてがれきやごみだったという判断ができたとき

図11-1　被災した博物館での民具の救出活動（2011年6月　和髙智美氏撮影）

に廃棄すればよいのである。なお，救出対象となる文化財は，程度の違いはあるものの，基本的にがれきなどから生じる砂ぼこりで汚損されている。また，被災文化財自体が転倒や落下，あるいは収蔵棚の転倒といった衝撃で破損し，原形をとどめていないものも多数ある。そうした状態の文化財を救出する作業では，日ごろからさまざまな文化財を見慣れている博物館・美術館の学芸員が加わることが救出作業の必須の条件となる。

　救出の作業の次に行われるのが，「②一時保管」の作業である。この作業は，被災した文化財を被災現場から移動させ，雨や風がしのげ，施錠ができる場所で一時的に保管する作業である（図11-2）。

　一時保管の作業では，被災地の文化財の担当者が立ち会える限られた時間の中で，被災した文化財を一気に保管場所へ移送することが求められる。また，限られた時間で大量の文化財を一気に運び出すためには，「美術梱包」をしている余裕はない。そのため，脆弱なものは別として，ある程度強度のあるものは可能な限りトラックの荷台に積み重ねて移送

図11−2 一時保管場所への仮置き作業（2011年6月 筆者撮影）

する。本来，博物館資料を移送する際，移送や取り扱いの中で破損等の事故はあってはならない。そこで通常，博物館資料や文化財を移送する際は，美術品梱包輸送技能取得士認定試験に合格し，一定の知識・技能を持った美術品梱包輸送技能取得士が，博物館資料に対して「美術梱包」を行う。

　ここで「美術梱包」について簡単に触れておく。梱包作業で主に使用される材料は，うす葉紙と言われる薄手の和紙や木綿綿，晒，段ボールや木枠などである。うす葉紙は，細く裂いてしごくことで，紙紐としても使用する。あるいは，丸めてクッション材にしたり，木綿綿をうす葉紙で包んだものを綿布団としたりするなど，文化財の梱包では欠かせない材料となっている。また，晒は梱包した文化財を木枠に固定する際に用いる。段ボールは，梱包した複数の文化財を収納する箱に加工するなどして用いる。

　梱包作業では，文化財の脆弱な部分を養生した上で，文化財全体をうす葉紙や綿布団で包み，安定した形状に梱包する。また，安全に輸送す

るために，段ボールを用いて，個々の文化財の形状に応じた収納箱を製作する。なお，比較的大きな彫刻品などは，梱包後に木枠や担架に晒で巻くなどして固定する。これら一連の梱包作業は，基本的に２人１組で行い，梱包の際に文化財が落下や転倒するなどの事故が起こらないよう，細心の注意を払いながら実施しなければならない。そして，梱包に当たっては，文化財が目的地に到着した後，安全に開梱できることを意識しながら作業することが求められる。

　被災した文化財の移送作業に戻る。文化財レスキュー事業の移送作業では，トラックの運転を専門とするドライバーではなく，トラックの運転に不慣れな人間が不安定な道路状況の中，事故を起こさないように50kmから100km，あるいはそれ以上離れた目的地まで運転するケースが多い。こうした過酷な条件の中，１人のドライバーで安全運転に努めるのは難しい。そこで，複数人のドライバーを確保した上で，交代しながら運転し，移動中の安全の確保に留意しなければならない。

　救出から一時保管の作業は，時間的な制約の中，迅速な動きが求められる。しかしながら，ここで忘れてはいけないことは，大量の文化財を所定の場所から一時的にせよ移動させるということである。このときには，何を移動させたのかという情報を残すことが必須である。Aという施設の「○○という文化財○点」という情報がなければ，その後の活動において，救出した文化財の点数を確認できなくなってしまう。そこで，一時保管の作業では，大まかではあっても全体の点数を確認するための作業が必要となる。ただし，限られた時間で被災した文化財を移送する作業において，完璧なリストを作成することはできない。ここでは，あくまでも仮のリストを作成しているということ，最終的なリストの作成は，被災した文化財が１点ごとに確認できるようになってから行うことを意識しておきたい。

次に一時保管の環境について考えてみたい。被災現場にある文化財は，災害そのものの被害に加え，救出され，「一時保管場所」へ移動するまでにさらされた雨や風，粉塵などによって劣化が進行する。だからこそ，一刻も早く救出し，一時保管し，応急処置を施すことが求められるのである。また，こうした目的で使用される一時保管場所は，緊急的に保管することを主目的とすることから，「緊急保管場所」という位置づけとなる。緊急保管の場所では，温度湿度や光が制御できる博物館の収蔵庫のような環境は望めないことはいうまでもない。また，大規模な災害時においては，さまざまな施設が被災していることから，比較的状態や環境のよい場所のほとんどは被災者の避難所や救援物資の資材置き場などに充てられる。そのため，被災した文化財の緊急保管場所として提供される場所は，避難所や資材置き場として利用されなかった場所であったり，学校の空き教室や使用されていない施設のエントランスホールであったりする。ただし，災害の規模によってはこうした保管場所の利用が長期化することがある。その場合，長期の利用となる一時保管場所の環境をどのように安定させるのかも重要な活動となる。また，安定した一時保管場所の環境の創出という課題については，博物館環境に詳しい保存科学者との連携を推奨したい。保存科学は文化財の保存を学問的に考える研究分野であり，博物館環境もその対象となっている。こうした研究分野では，温度湿度の管理や生物被害対策など，長期利用の一時保管場所で留意したい事項が対象となっているので，実施可能な環境整備の対策を立案する際，有意義な助言を得ることができる。

　「③応急処置」とは，被災による劣化をこれ以上促進させないことを目的とした作業である。地震や水害などによる文化財の被災状態は，ほこりや汚泥，砂などがこびりついた表面の汚損が最初に観察される。また，災害そのものの衝撃や，棚からの転倒，落下の衝撃による破損も確

第 11 章 被災した文化財の再生 | 175

図11-3　洗浄キット

認される。このうち表面を汚損するほこりや汚泥，砂などは，湿気を呼び込む作用もあることから，カビの発生を促進させる要因となる可能性がある。さらには，これらの汚れは，文化財そのものの取り扱いを困難にし，整理作業などの活動を著しく阻害する要因ともなる。したがって，応急処置で最初に行うべきは，被災した文化財を汚損している物質の除去を目的とした洗浄作業となる。ただし，この応急処置で行う洗浄作業は，必要最小限にとどめておきたい。少しでも多くの被災した文化財を救出するためには，救出した文化財1点ごとに関わる時間をいかに少なくするかということも重要な要素となるためである。あまりにも丁寧な作業はかえって，応急処置の点数を制限してしまうことにもなるので，作業責任者は応急処置の程度をしっかり見極めながら，作業全体を監督することが重要となる。そこで，筆者が専門とする民俗文化財の応急処置では，大，中，小の3種類の刷毛，大，小2種類のブラシ，それに筆1種類で構成した6種類の洗浄キット（図11-3）を作業者に渡すことにしている。もちろん，被災状況によっては，この種類が少なくなることもある。そして，この洗浄キットで落とせる範囲の汚れだけを洗浄対

象とし，それ以上の洗浄作業はあえて行わないというルールで臨んでいる。日頃，博物館資料や文化財に携わっている学芸員や保存修復の専門家は，このような応急処置としての洗浄作業に，物足りなさを感じることもあるかもしれない。しかし，本格的な洗浄あるいは破損個所の接着復元といった専門的な技術を要する作業は，専門家による保存修復活動で行うものと割り切ってもらうことにしている。

2．文化財レスキュー事業後の活動

　前述した文化財レスキュー事業の活動の柱となる救出，一時保管，応急処置は，あくまで被災後に緊急的に行われる作業であり，この作業だけで文化財が次の世代へ継承されるものに再生できるわけではない。文化財として再生させるためには，この後に行われる④整理・記録，⑤保存修復，⑥恒久保管，⑦研究・活用，⑧防災の作業が重要になってくる。

　「④整理・記録」の作業とは，救出した資料の全容を把握するための作業である。また，この作業は，救出，一時保管，応急処置の作業の過程でも随時行っていくものである。このときに行われる主な作業は，救出した文化財に仮番号を付与し，リストを作成するものである。前述したように，がれきの中から被災した文化財を探し出す救出作業の現場では，救出したものが文化財なのか，がれきなのかの判断がつかない場合がある。また，本来，１つの資料だったものが，破損してばらばらになった部材として救出されることも多い。したがって，どのようなものを救出し，どのように保管していったのかという情報は，一時保管や応急処置作業の１次情報としては重要なものとなる。一方，被災文化財１点ごとに施される応急処置において，救出した文化財の全体量が初めて明らかとなる。そのため，応急処置後に行う整理・記録の作業で作成するリストは，次の保存修復作業以降の共通リストとして恒久保管場所を

管理する機関に引き継ぐ必要がある。

「⑤保存修復」の作業は，被災時の損傷個所を元の形状に戻す作業が中心となる。また，保存修復を行う際，博物館担当者は，被災した文化財が内包している歴史学や民俗学等の学術的な背景を明らかにし，博物館としてその文化財をどのように位置づけ，どのように後世に継承していくかを明確にする必要がある。次に保存修復の専門家は，壊れたところをただ修復するのではなく，上記に示したような文化財が持っている学術的な背景，博物館が位置づける文化財的価値や，将来への継承方法をきちんと理解して，保存修復の設計に当たらなければならない。特に保存修復の専門家は，多くの文化財の保存活動に携わっており，その経験は博物館担当者にとっても貴重な情報源となる。したがって，博物館担当者と保存修復の専門家の間でしっかりとコミュニケーションを取って作業を進めることが効果的である。なお，こうした点は，通常の文化財の保存修復活動と同じである。

「⑥恒久保管」の活動は，文化財をもともとの収蔵施設である博物館に返却するものである。しかし，博物館が被災した場合，元のように再建，再開することが経済的に困難になる場合がある。また，公立博物館の場合，行政全体の復興計画の中で再建，再開の計画が後回しになってしまう場合がある。このような事態が生じた場合は，近隣もしくは関連分野の博物館に移管されることもある。いずれにせよ，安定した場所で管理でき，将来を見据えた活動を展開できる環境を整えた恒久保管のステージは，被災した文化財が文化財として再生できるスタートラインに立ったということになる。

そこで，恒久保管の活動では，保存のために必須の管理体制を構築し，機能的に整理や保管を行うための収蔵計画や文化財情報を付与するための人員の配置などを実現していくことが重要となる。被災した文化財の

図11-4 被災した文化財を対象とした企画展「歴史と文化を救う」(国立民族学博物館 2010年7月 筆者撮影)

　救援活動の目標は，被災する前に位置づけられていた文化財としての価値を取り戻すことである。そのためには，何をするべきかをあらためて設計していく機会となる。
　被災した文化財が恒久保管される環境を整えたのち，次は，その文化財がどのような文化財であったかという情報を再生させるための「⑦研究・活用」の活動へと移行する。被災した文化財は形状を損傷するだけではなく，文化財としての情報も失われているケースが多い。したがって，被災文化財を恒久保管する環境を整えても，文化財としては不十分な状態なのである。そこで，被災した文化財の情報を再び付与するための研究活動が必要となる。これは実に地道な活動であり，まさに文化財を所蔵する博物館担当者が主体にならないと作業が進まない。また，文化財は継承される環境を整えてこそ，次世代への引き継ぎが達成でき，持続可能なものとなる。そのためには，現在，その文化財を継承している世代が文化財の価値を理解する必要がある。そのために，被災した文

化財を活用しながら，研究活動で得られた知見を展示会（**図11-4**）や
シンポジウムなどで公開し，多くの人々が文化財の価値に気づき，その
ことを共有しながら，次世代への継承体制を構築していかなければなら
ない。したがって，研究・公開の活動は資料そのものを研究対象として
いる研究者や大学機関，関連分野の博物館や学会などと協働しながら作
業を進めることが望ましい。

　本来，文化財が被災することは避けなければならない。しかし，想定
できない要因がいくつも重なる自然災害において，そのリスクをゼロに
することはなかなか難しい。したがって，文化財が被災したという経験
を踏まえ，将来の災害に備えた「⑧防災」の活動に取り組み，仮に同じ
規模の災害が生じた場合でも，少しでも被災程度を軽減させる努力をし
ていかなければならない。

　被災した文化財への防災活動は多岐にわたる。例えば，九州国立博物
館は地震が多発する日本の国立博物館として，博物館自体を免震化する
という画期的な博物館として建設された。また，2004年の中越地震では，
展示していた多くの縄文土器（国指定を含む）が転倒，損傷した。その
原因として，展示手法の問題点が指摘された。その結果，「ケース内に
展示する文化財は，平置きでゆとりを持った構成を基本とすること」，
「壺や甕などの内部には砂袋などの重しを入れて底部を安定させるこ
と」，「専用の台座とテグスを組み合わせること」，つまり，従来型の展
示手法が効果的であることが再認識された。また，免震台の上に展示し
ていた文化財が転倒した事例から，免震台を使用する場合でも，テグス
などを用いた補助的な固定が不可欠であることがあらためて明らかと
なった。

3．被災した文化財を再生する際の留意点

　本章で示した被災した文化財を再生するための実際の作業現場では，多くの制約と混乱が生じ，必ずしも整然とした工程管理のもとに，これまで述べてきた各ステージの作業が進められるわけではない。したがって，これらの一連の作業では，被災した文化財を最終的にどのように保存し，活用し，防災していくのかを立案できる経験豊かな研究者と，被災した文化財の担当者との連携が必要となってくる。

　なお，自然災害そのものは何回も繰り返されるものである。したがって文化財を自然災害から守るためには，本章で示した，①救出，②一時保管，③応急処置，④整理・記録，⑤保存修復，⑥恒久保管，⑦研究・活用，⑧防災の活動は，段階的に継続して発展させていくものであることを理解しておかなければならない。

参考文献

高妻洋成・小谷竜介・建石徹編『入門大災害時代の文化財防災』（同成社　2019）

動産文化財救出マニュアル編集委員会編『動産文化財救出マニュアル　思い出の品から美術工芸品まで』（クバプロ　2012）

日髙真吾『災害と文化財―ある文化財科学者の視点から』（千里文化財団　2015）

日髙真吾編『継承される地域文化　災害復興から社会創発へ』（臨川書店　2021）

日髙真吾編『復興を支える地域の文化―3.11から10年』（国立民族学博物館　2021）

日髙真吾「文化財の保存と活用」鶴見英成編『博物館概論』pp.195-213（放送大学教育振興会　2023）

12 | 博物館の防災

小谷竜介

《目標＆ポイント》　この章では，災害発生における博物館の災害対応について，事前の備えと発災時の対応という２つの側面から解説する。博物館では，来館者と資料を守るという大きな使命がある。それを両立させるためにも，リスクを洗い出し，その対策を事前に練り，マニュアルを作り，教育・訓練することが大切となる。同時に，想定外を想定した備えも必要である。その際に大切なのが，過去を踏まえ，次への備えを強化する防災スパイラルという考え方である。こうした災害への備えと対応策について解説する。
《キーワード》　リスクマネジメント，危機管理，防災マニュアル，ネットワーク，文化財

1．博物館のリスク

（1）　博物館の立地とリスクの把握

　博物館はどのような立地の場所に建てられているのだろうか。交通至便な観光地や繁華街の中，十分な敷地と施設を確保した郊外，歴史的な建造物の中，とさまざまである。博物館の防災を考える上で，それぞれの博物館が抱える災害リスクは多様である。博物館の防災を考える上での出発は自館が抱えるリスクを把握するところから始まる。そして，博物館で災害対応を考える際は，展示・収蔵資料に対する対策とともに，来館者，スタッフに対する対策を両立することが大切である。この点が博物館以外の施設との違いとなる。

　一口に災害リスクといっても，地震や洪水のように立地によってリス

クをなくしたり低減させたりすることができる災害から，台風のように
リスクを低減することはできても，非常にまれな進路となり，被害を受
ける可能性がゼロにならないものまである。博物館がどのような災害に
直面する可能性があり，どのような被害が想定されるのか，このことを
検討することが博物館防災の第一歩となる。博物館のリスクには，自然
災害のほかにも，盗難やバンダリズム，情報漏洩や感染症などもあるが，
本章では，自然災害を対象として解説していく。

（2） ハザードマップ

　自然災害による被害の予測についてはハザードマップが出発点となる。
ハザードマップは自治体ごとに，リスクがあると判断する災害種別に作
成される。おおむね，洪水，内水氾濫，土砂災害，地震，火山，津波，
高潮などを対象に，災害種別ごとに作成されている。被害想定は随時更
新されているので，最新のものを入手することが大切である。国土交通
省のハザードマップポータルサイト[1]や NHK の全国ハザードマップ[2]な
どがオンラインで全国のハザードマップを公開している（**図12−1**）。
紙媒体もあるが，オンライン版の場合は常に最新版となっており，利便
性は高い。

　洪水や内水氾濫のハザードマップでは，どの程度の浸水が予想される
のか，地図上で可視的に示されており，想定される浸水高から博物館の
リスクを予想することができる。土砂災害のハザードマップでは被害予
測地点，土砂災害の種類，予測される被害拡大範囲などが示されている。
地震被害のハザードマップでは，発生が予測される地震に対する被害範
囲や予想される建物被害，また液状化予測も示されている。火山のハ
ザードマップでは，噴石，火砕流，溶岩流など火山噴出物による被害を
受ける地域が示されている。津波や高潮のハザードマップは洪水同様に

---

[1]　https://disaportal.gsi.go.jp/（2024年 2 月23日アクセス）

[2]　https://w-hazardmap.nhk.or.jp/w-hazardmap/（2024年 2 月23日アクセス）

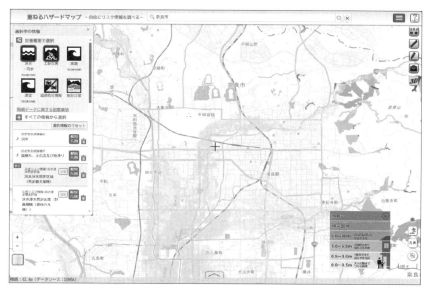

図12-1　ウェブ上で公開されている国土交通省によるハザードマップ

水深高が示されている。

　ハザードマップには，このように，多様な情報が付加されているため，博物館が直接受ける被害予測と対処法の検討，来館者をはじめとする人の避難への段取りなどを想定する際の根拠資料となる。ハザードマップは随時更新されているので，少なくとも年に1回は更新状況を確認することが望まれる。

(3)　防災対策と危機管理

　ハザードマップにより博物館の立地と，想定される災害を把握した上で，その対応を考えていく必要がある。災害への対応は，大きく2つの段階がある。発災前の事前対策と，発災後の応急対応である。事前対策は博物館が抱える被害要因であるリスクに対して，施設や設備などハー

ド面での対策と，万が一に備えた体制づくりというソフト面での対策の両面からなる。

　災害発生時の行動は，応急対応となる。現実に起こった被害に対して，最善を尽くし，被害を最小限に抑えるための行動である。後述する「ミュージアム防災マニュアル（地震編）」の必要項目例のように，応急対応は，発災直後の安全確保から，状況把握を行い，まず行うべきことを実施する初動対応，その後，博物館資料への対処を行い，復旧に取りかかることになる。この一連の流れについて，必要な情報などを収集し，対応について事前に定めておくことが応急対応であり，災害に備え，そして現場で迅速かつ適切な対応を行うための指針となる。

　近年では，こうした災害への事前の備えと発災後の現場の対応をセットで考えることが一般的であり，防災対策と危機管理を合わせて「災害リスクマネジメント（Disaster Risk Management）」＝「防災」とされている。そこで本章においても，現在的な災害リスクマネジメントの訳語としての「防災」を用いることとする。

2．防災設備

（1）　防災設備の概要

　災害時に備えるための設備には，多様な対策が求められる。建物自体に関していえば，建築基準法により耐震基準が定められており，特に耐震基準が改正された1981年以降に建てられた建物であれば，建物自体の致命的な被害は減じることができる。また，消防法では，火災発生時の警報設置の義務や，避難路の確保，壁などの素材に対しても防火性能を満たすことが求められている。こうした法令で定められる基準は，適宜改定が行われている。一方で，耐震基準の改正以前に建てられた建物は，既存不適格ということで，現行の法令の基準は満たしていないが，その

まま維持することは認められている。博物館についても1981年以前に建築された建物については，古い耐震基準で造られており，耐震補強が必要なことが多々ある。当然ながら，基準は最低限の構造等を示したものであり，基準制定前に建てられたからといって，現在の基準を満たしていないとはいえない。時期だけではなく，古い建築物の場合は，どのような施工がなされたのかの確認も欠かせない。

　博物館は，多くの人が集まる建物であり，一方で，収蔵資料という，守るべき特殊なものがあり，この両立を考える必要がある。ただし，大前提は人命が第一である。その前提の上で，資料に最大限配慮したマネジメント計画を作る必要がある。以下，地震対策と火災対策について，博物館ならではの対策を見ていこう。

（2）　地震対策

　建物の地震対策は，大きく耐震構造と制震構造と免震構造の３つのアプローチがある。耐震構造は建物の柱を太くするなど，建物自体を強くすることで地震に耐えるものである。制震構造では制震装置を柱や梁などに設置し，地震エネルギーを吸収することで，揺れを小さくする。免震構造は，建物と地盤の間に免震装置を設置し，揺れを小さくするもので，地震対策では最も効果のある構造である。博物館がどのような構造となっているかを把握し，それに応じた対応を検討する必要がある。その上で，展示資料の安全確保，資料の収蔵状態について，想定される揺れを基に，対策を講じる必要がある。

　展示資料については，予算に余裕があれば免震台に据えることで一定の安全を確保することができる（**図12-2**）。ただし，免震台は万能ではないことを理解する必要もある。免震台は揺れ自体を抑えるが，想定以上の揺れが来たときは装置の限界を超え，転倒などの事故へとつなが

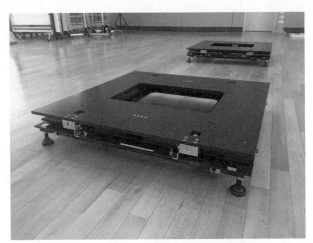

図12-2 免震台（東京国立博物館提供）

る。現在の免震台は，阪神・淡路大震災における神戸市で観測された地震波を基に設計されていることが多い。しかし，この地震波は，東日本大震災や熊本地震に比べると小さい揺れであったことが分かっている。もちろん，そうした地震に対応できる免震台は製作できるのだが，その分，装置のクリアランスが多く必要となるなど，コスト面等を鑑みて設定されているのである。そのため免震台上の展示資料についても，テグス掛けや重りを入れるなど，従来から行われていた展示資料の地震対策も必要となる。

　収蔵庫では，博物館用に作られた棚であれば支障は少ないが，ホームセンターなどで購入した棚を収蔵棚に用いる場合は，筋交いの有無を確認する必要がある。特に重い資料を置いている棚で筋交いがないと，重みで棚が傾き資料が落下するなどの被害が生じるので注意が必要である。また，近年では，落下防止用のバーや引き戸式の柵など，収蔵棚自体に地震対策を施されていることが多いが，開閉の煩雑さから防止策を効か

さずに日常管理をするという話を耳にする。こうした点も注意が必要である。なお，防止策がない場合も，幅広のひもやさらしを張ることで落下防止効果は十分得られるので，日頃より地震による落下防止の対策を採ることが求められる。

　資料に関しては，収蔵庫や展示室以外にも整理作業室で作業を行っていることが多く，仮保管ということで，そのまま置かれていることも多い。こうした資料についても注意を払う必要がある。

　博物館は来館者が訪れる施設である。展示室にはスポットライトが多数つり下げられており，またジオラマ展示など実物資料以外にも落下などの恐れのあるものが多数ある。したがって，スポットライトの落下防止ワイヤーの設置など，対策を施す必要がある。また，展示ガラスには飛散防止フィルムを貼ることが一般的であるが，貼っていない場合はガラスの破損による来館者のけがの恐れがある。特に企画展示場で展示が行われている場合は，仮設の展示壁など，常設展示の展示壁よりも強度が弱いことがあるので，企画展示を行う際は，安全対策を可能な限り講ずる必要がある。

　規模の大きな地震が起こると停電が発生することがある。非常電源装置が用意されていれば，短期的には対応が可能である。ただし，東日本大震災の場合，津波被災地以外でも長いところでは1カ月程度停電状態となった。そのため，停電時の対応についても備えが必要である。特に収蔵庫が停電し空調が止まったときは，被害調査などの入退室を最低限にとどめ，温湿度環境の急変を回避するなど，ルールを定めておく必要がある。

（3）　火災対策
　火災への対策は消防法で詳細に定められており，原則としてそこに

のっとった対策が施されている。その上で，火災に関しては，特に資料に配慮した設備を整えることが求められる。その中で，選択の余地があるものとして，消火設備がある。消火設備は消火器，消火栓設備，スプリンクラー設備，その他からなる。これらの設備は公設消防の到着までに鎮火するための設備となる[3]。

　消火器は，水系統消火器と粉末消火器，ガス消火器に大別される。水系統消火器には，強化液消火器と水消火器，泡消火器に分類される（**表12-1**）[4]。粉末消火器はABC消火器が広く設置されている。ABCとは，A火災に分類される普通火災，B火災に分類される油火災，C火災に分類される電気火災の全てに対応できるということである。ガス消火器は二酸化炭素を充填したものが用いられる。消火能力でいえば，強化液消火器とABC消火器の汎用性が高い。一方，資料への汚損という観点では，選択の余地がある。ガス消火器は，資料への影響は小さいが，ガス自体の毒性を考えると扱いには慎重になる必要がある。濡れることをいとわない資料であれば，水消火器の選択も考慮できる。その中では，粉末消火器の粉末は，ドライクリーニングである程度落とすことができ，汚損の恐れが一番小さいとされる。どの消火器を設置するかは，使用する場所，消火対象を考慮して計画する必要がある。

　消火設備では，スプリンクラーとガス消火設備がある（**図12-3，4**）。スプリンクラーには，開放型と閉鎖型の2種があり，火災の感知を受けての動作によりさらに種類が分かれる。開放型は，常に水が導水管に満たされており，炎を感知すると素早く放水が始まる。閉鎖型は，導水管は空の状態で，火災を感知すると導水した上で放水を開始する。一般には開放型のスプリンクラーが導入されていることが多い。ただし，感知すると即座に放水が始まるため，誤感知した場合は，空間一帯を水損さ

---

[3]　消防法で定められる博物館に係る設備等については以下のサイトにまとめられている。https://fire.co.jp/document/law/law8_1/（2024年2月23日アクセス）

[4]　株式会社初田製作所ホームページ https://hatsuta.co.jp/information/extinguisher/kind.php（2024年2月23日アクセス）より許可を得て転載。

表12-1　着火物と適応消火器

火災種別	着火物	水系消火器					ガス系消火器	粉末系消火器
		強化液消火器（霧状）	ピュアウォーター消火器（純水）	機械泡消火器	化学泡消火器	機械泡（耐アルコール型）消火器	二酸化炭素消火器	ABC粉末消火器
普通火災	木製品等	○	○	○	○	○	×	○
	紙、繊維製品等	○	○	○	○	○	×	△
	ふとん類	○	○	○	○	○	×	△
	ゴム、セルロイド類	○	○	○	○	○	×	△
	合成樹脂類	○	○	○	○	○	○	○
油火災	引火性油類（ガソリン等）	○	×	◎	◎	◎	○	◎
	動植物油類（天ぷら油等）	◎	×	△	△	△	×	○
	鉱物油類（灯油等）	○	×	○	○	○	○	○
	アルコール類	×	×	×	×	◎	○	○
電気火災	電線被膜（通電中）	○	○	×	×	×	◎	○

（注）◎非常によく消火ができるもの　○消火できるもの　△完全に消火できないが、火災を抑制できるもの　×消火できないもの

図12-3　博物館に設置されているスプリンクラー（東京国立博物館提供）

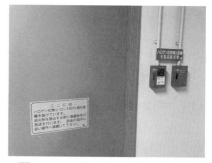

図12-4　ガス消火設備の起動盤（東京国立博物館提供）

せることになる。また、地震などで誤作動したという事例がある。そのため、起動が自動警報設備と連動した閉鎖型予作動式のスプリンクラー

が望ましいとされる。なおスプリンクラーは，ぬれることで資料が著しく劣化する可能性がある収蔵庫のような場所には設置しない。

スプリンクラーが設置できない場所にはガス消火設備を設けて対応することが一般的である。ガス消火設備では，ハロンを用いることが多かったが，オゾン層を壊すフロンガスの一種であることから現在は生産が停止されている。生産停止以前の博物館施設等では，現在も設置されており，各地で見ることができる。近年の博物館では，ハロンの代替ガスであるハロゲン系のガスのほか，二酸化炭素，窒素などの不活性ガスを用いて酸素濃度を低下させるガスも開発されている。ガス消火設備は人体に対する影響が大きいことから，収蔵庫に限るなど設置場所に注意が必要である。

このように，一般来館者およびスタッフの安全確保と，資料の安全確保の両面から適切な設備を選定し，設置することが求められる。同時に，火災対策では，火勢の弱い段階で消火ができれば最適であり，設備を適切に使いこなせるようにすることが大切である。そのためには，操作法を日頃より訓練することも大切である。

3．発災時の対応

（1） 危機管理対応

博物館に被害をもたらす災害が起こったとき，事前の備えが機能せず，被害を受けるという想定外の事態が生じてしまうことがある。もちろん，考え得る博物館のリスクを洗い出し，対策をしていることが前提となるが，被害が想定から外れることがあり得ることを承知しておくことが大切である。

一般に災害発生時には人命の安全の確保が第一である。これは博物館でも同様である。職員よりも資料を第一に，という見方もまれにあるよ

うだが，決してそのようなものではない。来館者，スタッフの安全を確
保した上で，資料の被災が確認されたときに対応を行うことになる。こ
の点は後述する。被害を受けたということは，想定外の事態であり，当
初の計画にない行動を取ることになる。原則を定め，情報を適切に管理
し，行動することが肝要である。

（2）　危機対応マニュアル
　では，想定外に備えるためにどのようなことができるのであろうか。
最初に取り組むべきは，危機対応マニュアルの整備である。想定外の事
態に何をすべきかを定めたマニュアルは，事前の体制づくりとやるべき
ことが記されたものになる。当然ながら災害の種類により対応すべきこ
とにも違いが出てくるので，想定される災害ごとにマニュアルを作成す
る必要がある。
　　ここでは，地震への対応についてどのような対応が必要になるのか，
『博物館における施設管理・リスクマネージメントガイドブック』（株
式会社三菱総合研究所編2008，2009，2010）の記載をもとに見てみよう。
マニュアルでは，総論とともに各種災害種別ごとにマニュアルで整備す
べき事項が記されている。ここでは地震災害を見ていく。整理をすると，
表12-2のような項目が必要項目となる。
　最初に示される組織体制はどの災害にも必要な備えの第一歩である。
その上で，災害過程に応じて4つのステップから構成される。最初のス
テップは発災直後で，本章でも何度も触れているように，この段階で最
優先されるのは安全の確保である。まずは自分の身を守ることから始ま
る。その上で，ステップ2が初動対応である。ここで，被害の状況を把
握した上で，けが人等への対応，そして避難誘導までの一連の来館者，
そしてスタッフへの対応を行うことになる。そしてステップ3として資

表12-2　ミュージアム防災マニュアル（地震編）の必要項目例

組織体制	災害対策における組織体制	組織体制，リスク対応の責任者，各班の役割と対応 外部関係者の役割・連絡先
STEP 1 安全の 確保	来館者・職員の安全確保	自身の安全確保 火の始末，火災の確認，通報 ガス漏れの確認，元栓しめ ブレーカーを切る エレベーター閉じ込み確認 津波警戒区域の場合はすぐ避難
STEP 2 初動対応	応急対応	地震情報等の確認 体制の検討 防災ツールの準備と確認 被害概況の把握
	参集（勤務時間外の場合）	勤務時間外の参集基準［平日と休日・夜間等］
	被害拡大阻止	
	初期消火 救急救助	初期消火（火災が発生した場合には最優先） 救急救助（死傷者が発生した場合）
	避難・閉館の基準と判断	
	館内アナウンス	
	避難誘導	避難誘導の実施 避難誘導・避難口・避難経路図
STEP 3 資料対応	資料の被災状況の確認	
	区画ごとの資料の優先順位と応急対応	
	関係者への連絡	共催者，所蔵者，寄贈者，寄託者，作家等
STEP4 復旧対応	復旧計画の策定	
その他	災害時における博物館の社会的役割	地域被災住民や帰宅困難者の受け入れ，災害時要援護者への配慮

料への対応となる。最後のステップ4は復旧計画の策定であり、被害を受けた箇所をどのように復旧させるか、具体的な計画を立てるものである。

資料への対応は、最初の状況確認から始まる。大きな被害が出ると、目の前で被災している資料への対応から取りかかりたくなるが、まずは全体の状況把握に取り組むことが大切である。その上で、次の段階として、何を優先して取り組むべきかの整理をし、対応することになる。また、事前より備えをしていても、どうしても不安定な状態で仮置きされている資料もある。地震の場合は、その後に余震が必ず起こり、時には本震と同じくらいの規模になることがある。最初の揺れで大丈夫であった資料であっても、状態を確認し、転倒防止策を施す必要がある。こうした点も視野に入れてマニュアルに書き込んでおくことが望ましい。

最後、その他としたが、一般に博物館は市町村の避難所に指定されていることは少ない。しかし、避難所に指定されている複合施設などでは、博物館と同一の建物に避難者を受け入れることがある。また、最寄りの公共施設であることから博物館に避難する人も出てくる可能性がある。展示・収蔵資料の安全性なども鑑みながら社会的な要請にも対応できるように備えることも大切な点である。

(3) 防災訓練

マニュアルの整備は重要であるが、発災時にマニュアルを参照しながら行動することは非現実的である。したがって、マニュアルの内容を理解するためにも防災訓練が重要となる。防災訓練には、消防訓練、避難訓練、参集訓練、設備操作訓練、机上訓練、総合訓練など多様な形態があり、これらの訓練を組み合わせながら取り組む必要がある。防災訓練では、目的に応じて、来館者役を設定する、模擬資料を用意するなど実

図12-5　来館者が加わった避難訓練
（愛知県美術館提供）

践的な訓練が実施できるように心がけることが大切である。また、実際の来館者に協力を依頼して、来館者も交えた防災訓練を実施している館もある（図12-5）。

博物館は、一般に開館日数が各スタッフの勤務日数より多いため、変則勤務が採用されることが多い。より実践的な訓練として、半数勤務日の訓練など、来館者を含めた訓練とともに、不測の事態に備えた訓練となるように、シナリオを調整していくことが求められる。また、訓練終了後は、その結果を振り返り、次の訓練につなげるとともに、必要に応じてマニュアルの改定につなげることが大切である。

（4）　資料の応急処置

万が一資料が被災した場合は、まずはそれ以上悪くならないように応急処置を施した後、修理を行うことになる。多様な博物館資料は、学芸

第 12 章　博物館の防災　｜　195

図12−6　文化財防災ウィール

員が自ら処置をすることができるものから，修理技術者に依頼する必要があるものまでさまざまであり，どのような対処ができるか把握をしておくことが望まれる。

　応急処置は，前記の通り「それ以上悪くならない状態」にすることである。被害の程度により対処が異なるが，地震で資料が落下，転倒により破損したときは，その部材を集めて１つの箱に入れておくことで，それ以上の悪化は防げるので応急処置となる。揺れにより倒れた，部材が脱落しそうなるなどしたときは，養生をした上で，寝かした状態にする，脱落部位をさらしなどで固定する，といった対処により余震への備えとなる。決して特別なことをするわけではない。その後状況が落ち着いてから修復計画を作成して修復をしていくことになる。

　一方，洪水などにより多数の資料が水損被害を受けたときは，緊急の対応が必要となる。文化庁が公表している文化財防災ウィール（**図12−6**）には，緊急時における48時間以内の対応が記されている[5]。もちろん，48時間以内の対応が望まれるが，そこばかりを意識することは現実的ではない。自館の収蔵資料それぞれに対し，万が一のときにどのよう

---

[5]　https://www.bunka.go.jp/earthquake/taio_hoho/index.html（2024年２月23日アクセス）

な対応，応急処置を施すことが適切であるのか，ということを理解しておくことが大切である。その上で，被災の状況を把握し，できることから取り組むことが求められる。

4．災害に備える

（1）　博物館ネットワーク

　東日本大震災の津波による陸前高田市立博物館や石巻文化センター，2019（令和元）年の東日本台風による川崎市市民ミュージアムの収蔵庫浸水のように，博物館が壊滅的な被害を受ける例がある。博物館の危機管理マニュアルは自館のスタッフで対応することを前提として作られていることが多いが，大きな被害を受けたときは，マニュアルで想定している被害を超えることになる。こうした際に重要になるのが外からの援助である。2020年に独立行政法人国立文化財機構に文化財防災センターが設置され，災害発生時の救援体制が整えられている。現在は，そうした全国的な救援組織を頼ることができるようになっているが，東日本大震災のように広域かつ同時多発的に被害が発生すると，全国組織を待つ前に動き出せるようにしておくことも必要である。

　東日本大震災時に被災した博物館などを対象に，文化庁が提唱して実施された文化財レスキュー事業は各地で資料の救援活動を行ったが，陸前高田市立博物館で最初に救援活動を行ったのは，岩手県の博物館ネットワークに参加する学芸員たちであった。博物館の立地を考えると津波の直撃を受けたことが想定されたため，近隣市町の博物館が最初に連絡を取り，そこから自発的に動き出したのが出発となった。このように，博物館のネットワークは災害時の対応においても大切である。

　博物館のネットワークとしては，多くの都道府県で，域内のネットワークが作られている。こうした地域ごとのネットワークは素早い活動

が期待できる。また，館種ごと，つまり自然史系や歴史民俗系，美術系ごとにもネットワークが作られている。例えば全国美術館会議は，美術館のネットワークである。災害発生時には会員館に連絡を回して被害状況を確認し，被害が確認され支援要請があると救援活動を行うという要綱，要領を定め，かつ実践している。このような館種ごとのネットワークは，収蔵されている資料の扱いに慣れていることもあり，心強い存在となる。なお，これらの博物館ネットワークに組織として加入するだけではなく，会合に出席し，職員同士が顔見知りの関係を作っておくことが重要である。先に触れた岩手県の場合だと，館種を問わない研修会を毎年開催し，そこでどのような人が各館に在籍し，どのような技能を持っているのか把握できていたという。博物館ネットワークでは，こうした人間関係の構築も心がけておく必要もあろう。

（2）　防災スパイラルを意識した備え

　博物館の収蔵資料は，各館が管理しているものであるが，同時に地域の，そして究極的には人類の財産として後世に伝えていくものである。それゆえ，災害に対しても十分な備えをしておく必要がある。しかし，さまざまな事情により被害を受ける博物館があることも事実である。本章でも触れたように想定外の事態はどうしても存在する。そのことを理解した上で，被災時の備えをすることも大切である。

　どのような想定外の事態があるのか。ここで大切になるのが，過去の被害記録である。過去に博物館がどのような被害を受け，どのように対処したのか，それを想定に組み込むという繰り返しをしていき，災害に強い博物館を作っていく必要がある。防災の概念には，発災，応急対応，復旧復興，減災，災害時対応準備，そして発災というように繰り返す災害対応のプロセス全体を含み込んでいる。そしてこの繰り返しにより災

害への対応を強化していこうとする考え方を防災スパイラルという。一つの博物館だけで防災スパイラルを実践するのではなく，ネットワークを通した防災スパイラルを実践し，博物館業界全体で防災力を高めていくことが肝心である。

参考文献

株式会社三菱総合研究所編『博物館における施設管理・リスクマネージメントガイドブック』(2008，2009，2010)

　本ガイドブックは，3カ年にわたり文化庁からの委託により作成された。報告書は以下のサイトの，平成19年度，20年度，21年度のページに掲載されているので参照されたい。

https://www.bunka.go.jp/seisaku/bijutsukan_hakubutsukan/shinko/hokoku/index.html（2024年2月8日アクセス）

13 | 環境保全と博物館の社会的役割

和田　浩

《目標＆ポイント》　博物館が未来に存続するためには，地球環境の保全との両立が不可欠である。本章では博物館が果たすべき社会的役割を，エネルギー問題や持続可能性という観点から解説する。
《キーワード》　地球環境，気候変動，持続可能性，エネルギー問題

1. 博物館とエネルギー問題

　博物館は，文化財の保存と展示を通じて社会で重要な役割を果たしている。しかし，これらの活動は時として大量のエネルギー消費を伴うものとなる。特に，資料の保存には厳格な環境制御が必要であり，これが高いエネルギーコストを引き起こす原因となる。例えば，一般的な環境条件で要求されるのは，相対湿度50〜60％，温度20〜25℃という範囲での厳密な管理である。これを達成するためには，高度な空調システムと絶え間ないモニタリングが必要であり，それによってエネルギー使用量が増大する。

（1）　国際的な目標と取り組み

　地球環境に関する国際会議の1つに，「国連気候変動枠組条約（UNFCCC）」[1]の締約国会議（COP）がある。この条約は，1992年に国連総会で採択され，リオ・デ・ジャネイロで開催された環境と開発に関

---

[1]　https://www.env.go.jp/earth/cop 3 /kaigi/jouyaku.html
　　https://unfccc.int/process-and-meetings/what-is-the-united-nations-framework-convention-on-climate-change（ともに2024年 2 月 9 日アクセス）

する国際連合会議（UNCED）で署名されたものである。1994年3月に発効し，主な目的は大気中の温室効果ガスの濃度を安定化させることであり，そのための具体的な措置や原則を定めている。条約の主な内容は，温室効果ガスの排出抑制と，開発途上国への配慮を含む環境保全対策である。

　COPは，毎年開催されるUNFCCCの正式な会合である。1995年にドイツのベルリンで最初の会議（COP1）が開催されて以来，多くの重要な会議が行われた。例えば，1997年のCOP3では先進国および市場経済移行国の温室効果ガス排出の削減目的が定められた京都議定書が採択された。2009年のCOP15では産業化以前からの地球の気温の上昇を2℃以内に抑えること，先進国は2020年までに削減すべき目標，途上国は削減のための行動をそれぞれ決めて，2010年1月末までに提出することを定めたコペンハーゲン合意が成立した。これらの会議は，気候変動に関する国際的な対応を進めるための重要なステップとなっている。毎年のCOPでは，世界中の国々が集まり，気候変動への対応策を協議し，合意に達することを目的としている。

　特に，2015年のCOP21は，その歴史的な成果であるパリ協定の採択によって大きな注目を集めた。パリ協定はCOP21の結果生まれた重要な国際協定であり，COP21と同時に進行し，その会議の成果物として発表された。時系列的には，2016年4月22日に署名のために開かれ，同年11月4日に発効した協定であり，地球温暖化の主要な原因である温室効果ガスの排出削減を目指す初めての普遍的な国際協定である。パリ協定では，全ての国が気候変動に対処するための国別目標を設定することを義務付け，これにより先進国だけでなく開発途上国も排出削減に貢献することになった。また，地球の平均気温上昇を産業革命前の水準から2℃以下，できれば1.5℃以下に抑えることを目指すという野心的な目

第 13 章　環境保全と博物館の社会的役割　|　201

図13-1　COP21での各国代表団[2]

標が設定された。産業革命前の水準とは，人間活動が気候に大きな影響を与える前の，地球の平均気温を指している。一般的に，これは19世紀中頃，特に1750年頃の気候条件を基準としているものである。産業革命以降，化石燃料の大量使用と森林伐採が進み，これが温室効果ガスの大量排出につながり，地球温暖化を引き起こしていることが背景として存在する。パリ協定におけるこの基準の使用は，人間活動による気候変動の影響を評価したもので，目標設定のための基準点として重要な意味を持つ。そのため，COP21は国際的な気候変動対策において重要な転換点となった（図13-1）。

　日本のパリ協定への対応は，温室効果ガス排出量の削減，再生可能エネルギーの利用拡大，エネルギー効率の改善などを含む複数の施策に基づいている。日本政府は，2030年までに2013年比で46％の温室効果ガス排出削減を目標としており，2050年までには温室効果ガスの実質ゼロ排出を目指している。これらの目標を達成するため，再生可能エネルギーの導入拡大やエネルギー効率の高い技術の開発と普及が進められている。

---

[2] https://commons.wikimedia.org/wiki/File:COP21_participants_-_30_Nov_2015_(23430273715).jpg（2024年2月23日アクセス）

また，国際的には，技術協力や開発途上国への支援を通じて，グローバルな気候変動対策に貢献している。

なお，日本のCOPにおける最近の活動に焦点を当てると，ネット・ゼロ目標の追求，排出削減対策が講じられていない新規の石炭火力発電所の建設終了の表明，グリーン購入法の対象品目拡大などの取り組み，炭素回収・利用・貯留（CCUS）および二酸化炭素除去（CDR）の技術開発・展開を加速するカーボンマネジメントチャレンジへの取り組みといったものがCOP28（2023年）終了後に政府から発信されている。これらの活動は，日本が国際的な気候変動対策において積極的な役割を果たし，環境保全と持続可能な開発に貢献することを目指していることを示すものである。

（2）　博物館分野の動き

このように近年，気候変動への意識の高まりとエネルギー効率の重視が進む中，多くの博物館がエネルギー問題に取り組み始めている。博物館資料の保存についての2つの大きな国際会議である，国際文化財保存会議（IIC：The International Institute for Conservation of Historic and Artistic Works）と国際博物館会議保存分科会（ICOM-CC：International Council of Museums ─ Committee for Conservation）が共同でこの問題に取り組んでいる。2014年9月に香港で開催されたIIC会議と，同じく2014年9月にメルボルンで開催されたICOM-CC会議において，代表団は議論を重ね，環境ガイドラインに関して共同宣言に合意した。共同宣言では，IICとICOM-CCは，博物館と収集機関のための持続可能性と環境管理に焦点を当てたガイドラインを提示した[3]。ガイドラインの概略は，二酸化炭素排出量を削減し，再生可能なエネルギー源を探求し，収蔵品の管理に低消費エネルギーの解決策を採用すること。博物館

---

[3]　https://www.iiconservation.org/archives/about/policy-statements/environmental-guidelines（2024年2月9日アクセス）

資料に要求される環境条件を地域の気候の中で達成可能なものにすること。異なる気候条件に対応するため，貸出環境条件に柔軟性を持たせること。既存のガイドラインを，特に国際的な貸出展示のための標準ガイドラインとすることの推奨——といったものである。ここでいう既存のガイドラインとは，米国文化財保存会議（AIC：American Institute for Conservation），豪州文化財保存会議（AICCM：Australian Institute for the Conservation of Cultural Material），Bizot group（主要な展覧会主催者の国際グループ）によるものが事例として挙げられている。

AIC 暫定ガイドラインでは，大半の文化財については，温度範囲59〜77°F（15〜25℃），相対湿度45〜55％，許容変動±5％，年間湿度範囲最小40％〜最大60％を許容範囲としている。その上で，変動を最小限に抑えること。文化財の中には，保存のために異なる環境条件を必要とするものがあること。全ての文化財の貸出条件は，保存の専門家と相談の上決定されるべきであること——という追記がある。

AICCM 暫定ガイドラインでは，一般的なコレクション資料の許容可能な保管および展示条件に関する暫定的な温度および相対湿度として，温度範囲15〜25℃，許容変動24時間当たり±4℃，相対湿度45〜55％，許容変動24時間当たり±5％とし，保管・陳列環境において季節変動がある場合，相対湿度の変動は40％〜60％の広い範囲で管理するとしている。その上で，文化財の保存に必要な温度と相対湿度のパラメーターは，その材質，構造，状態によって異なるが，ほとんどの文化財は上記のパラメーター内で安定した状態を維持することが一般的に許容されるとの追記がある。

Bizot group 暫定ガイドラインでは，吸湿性物質を含む多くの種類の資料（キャンバス画，染織品，民俗資料，動物接着剤使用資料など）については，16〜25℃の範囲で安定した温度と40〜60％の範囲で安定した

相対湿度が要求され，この範囲内での変動は24時間当たり±10％以下でなければならないとしている。その上で，より環境変動に敏感な資料については，素材や状態，美術品の履歴に応じて，より厳密な管理が必要となること，貸出を希望される美術品の適切な環境条件を確立するためには，保存修復技術者の評価が不可欠であることとする追記がある。

　以上のように，対外的な資料の貸借においては既存の環境基準を尊重しつつ，自館の環境基準に関しては，気候変動，立地条件等の諸要素を勘案した上で，持続可能性のある環境条件を設定し，管理していくという方向性が博物館環境に関する現在の考え方である。

　例えば，クイーンズランド美術館（The Queensland Art Gallery｜Gallery of Modern Art（QAGOMA）；オーストラリア）では，博物館施設のエネルギー効率を最適化した上で，新たな環境ガイドラインについての研究を実施し，AICCM の環境ガイドラインを見直し，より緩やかな環境条件である Bizot group 暫定ガイドラインを採用することとしている[4]。

　一方，地球に負荷を与えず，適切な資料保存環境を維持するためには建物自体の性能や運用方法も重要な要素となる。例えば，建築物やコミュニティの設計，建設，運用，メンテナンスにおける持続可能性を評価するための国際的な基準として，LEED 認証（Leadership in Energy and Environmental Design）が存在する[5]。米国グリーン建築協議会（USGBC）によって開発されたこのシステムは，世界中で採用されている。LEED 認証の主な目的は，環境に優しい建築を奨励し，より健康で生産的な働きやすい空間を作ることである。LEED 認証を受けるためには，自然環境への影響の最小化，水資源の保全と効率的な利用の実現，エネルギー効率の高い設計と再生可能エネルギーの利用，持続可能な材料の選択と廃棄物の最小化，空気質の向上，自然光の利用，快適

---

[4]　https://blog.qagoma.qld.gov.au/climate-for-galleries-an-evolution-in-thinking
（2024年2月9日アクセス）

[5]　https://www.usgbc.org/（2024年2月9日アクセス）

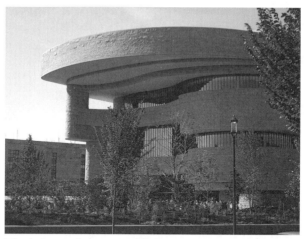

図13-2　スミソニアン国立アメリカインディアン博物館[6]

な室内環境の提供，持続可能な建築設計や運用に関する革新的なアプローチ，といった項目を満たす必要がある。LEED認証は複数のレベル（認証，シルバー，ゴールド，プラチナ）に分かれており，達成した持続可能性の基準に応じてレベルが決定されるものである。LEED認証を受けると，環境への配慮だけでなく，運用コストの削減や資産価値の向上などの経済的な利益も期待できるという意味を持つことになる。

　例えば，スミソニアン国立アメリカインディアン博物館（アメリカ；図13-2）は，2011年にLEEDシルバー認証を取得した[7]。同博物館は，環境に対する責任を果たすために，ネイティブコミュニティと協力し，環境課題への対応を記録するプロジェクトを開始している[8]。

---

[6]　https://commons.wikimedia.org/wiki/File:National_Museum_of_the_American_Indian.JPG

[7]　https://www.usgbc.org/projects/national-museum-american-indian-0（2024年2月9日アクセス）

[8]　https://americanindian.si.edu/environment/（2024年2月9日アクセス）

２．今後の展開

（１）　既存施設の活用との両立

　博物館における資料保存は，持続可能性と直面する重要な課題である。一方で，資料を保護し，長期にわたって保存することが求められ，これを実現するための環境制御には大量のエネルギーが必要となることがある。気候変動への対応とエネルギー効率の向上は，資料保存における伝統的な方法に変革を迫っている。

　このような課題に対して，ゼロから新しい博物館を建設することで，持続可能性の目標を達成するというプロセスは資金力の課題さえ解決できれば比較的最短距離で実現可能な解決方法である。しかし，博物館自体が歴史的建造物の場合，これが常に可能とは限らず，さまざまな角度から建物や設備と向き合う必要がある。200年以上の歴史を有するスペインのプラド美術館の事例では，2015年に Iberdrola 財団と協力し，より持続可能性を持つ新しい LED 照明システムを導入した。その結果，年間75％のエネルギーが節約され，二酸化炭素排出量も年間320トン削減されたことが報告されている[9]。

　オンラインプラットフォームとして存在する HiBERATLAS（Historic Building Energy Retrofit ATLAS）は，博物館を含む世界中の歴史的・伝統的建造物の持続可能な改修における優良事例をまとめたものである[10]。再生可能エネルギー専門家と国際的なパートナーとの協力のもとに開発されたこのプラットフォームは，歴史的建造物がその歴史的・美的特徴を維持しながら，太陽光発電やバイオマスなどの再生可能エネルギーソリューションをどのように統合しているかを紹介しているサイトである。

---

[9]　https://blooloop.com/museum/in-depth/sustainable-museums/（2024年２月９日アクセス）

[10]　https://www.hiberatlas.com/de/willkommen-bei-uns-1.html（2024年２月９日アクセス）

第13章 環境保全と博物館の社会的役割 | **207**

　今後，日本国内においても次々に既存の博物館建築が歴史的価値を有するようになり，歴史的建造物の利活用，環境保全，エネルギー問題の両立化が課題となることは間違いない。また，全てを取り壊して新築することは当然ながら非常に膨大な資源の消費に直結するため，こうした先行事例を参考にしながら今後も既存施設の運用に関して工夫を惜しまないことが一層求められる。

（2）　環境条件の見直し

　相対湿度や温度の範囲を少し緩和するだけで，大幅なエネルギー効率の改善が期待できるが，これは環境条件の見直しを必要とする。現代の博物館は，資料の適切な保存と持続可能な運営のバランスを見つけなければならない。これには，伝統的な保存方法の再評価，新しい技術の採用，そして地球環境への影響を最小限に抑えるための創造的な解決策の模索が含まれる。この点についての国際的な動向は第1節**（2）**で示した通りである。一方，日本国内では公的機関が提示している環境の目安としては，文化庁が出した「国宝・重要文化財の公開に関する取扱要項」に記載されている。そこでは，温度は22℃±1℃（公開を行う博物館その他の施設が所在する地域の夏期および冬期の平均外気温の変化に応じ，季節によって緩やかな温度の変動はあってもよい。**図13-3**），相対湿度は55％±5％（年間を通じて一定に維持すること）を目安とすること。ただし，金属製品の相対湿度は50％以下を，近代の洋紙を利用した文書・典籍類，図面類，写真類などの相対湿度は50〜55％程度を目安とすることが明記されている。すなわち温度に関しては，緩やかな季節変動は許容できるものとそもそもうたわれている[11]。重要な点は，環境条件を見直すことが激しい変動を許容すると誤解しないことである。環境条件の緩和とはあくまでも年間を通した緩やかな季節変動を許容する

---

[11]　https://www.bunka.go.jp/seisaku/bunkazai/hokoku/1401204.html（2024年2月9日アクセス）

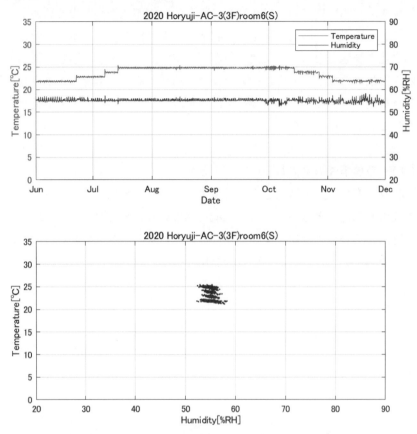

図13-3　東京国立博物館の夏期および冬期の温度設定変更の様子

ことである。日単位，週単位といった短期間の環境に激しい変動の発生を許容することではない。日々の温湿度は安定した状態を保ち，外気の気象条件に合わせて，その時々におけるエネルギー効率という観点から見たより良い環境条件を目指すということである。

（3） 再生可能エネルギーの可能性

博物館施設で再生可能エネルギーを効果的に活用している事例をいくつか紹介する。これらの施設は，持続可能な運営を目指しており，環境への影響を軽減しながら文化的な活動を継続している実践例である。

ロンドンの自然史博物館（イギリス）は，イギリス政府の2050年目標に先駆けて，2035年までにネット・ゼロを達成することを目指している。同博物館は，ソーラーパネルを設置し，建物に電力を供給して運営している。同博物館に送電網から導入される電力の20％は風力発電所から供給されたものである。施設的な部分以外にも，職員の出張回数の見直しや，通勤に使用する車両を EV 車に指定，また施設内で使用する全ての資材のリサイクルといった細部にわたる取り組みを実践している[12]。

シカゴのフィールド自然史博物館（アメリカ）は1989年に「グリーンチーム」を設立し，博物館の持続可能性を向上させるための取り組みを行っている。2015年には，既存の建物に対して LEED ゴールド認証を受けた。同館では，空調にチラー／蓄熱システムを使用している。このシステムは，エネルギー需要が低いオフピーク時に氷を生成し，その氷は日中，建物の冷房に使用されている。屋上には，99.4kW の太陽光発電設備があり，2002年に設置された当時はイリノイ州最大規模であった[13]。

サンフランシスコのカリフォルニア科学アカデミー（アメリカ）は，LEED プラチナ認証を受けた博物館である。約$10,000\text{m}^2$の屋上庭園や最先端の設備を備えている。屋上庭園には太陽光パネルが設置され，雨水を捕獲し，エネルギー消費を削減し，二酸化炭素を酸素に変換する役割を果たしている[14]。

リオ・デ・ジャネイロのミュージアム・オブ・トゥモロー（ブラジ

---

[12] https://www.nhm.ac.uk/about-us/a-sustainable-museum.html （2024年 2 月 9 日アクセス）

[13] https://www.fieldmuseum.org/science/conservation/greener-field/greener-field-energy （2024年 2 月 9 日アクセス）

ル）は2015年に開館した環境問題をテーマにした博物館であり，持続可能性を前面に押し出した設計で知られている。太陽の動きに追随する太陽光パネルと，近くのグアナバラ湾の海水を利用した冷却システムを組み合わせる空調システムを特徴としており，年間約960万Lの水と2,400MW/hの電力を節約している。これは1,200軒以上の家庭を維持するのに十分な電力量であり，この効率性の高さにより，同博物館はLEEDゴールド認証をブラジルで初めて取得した[15]。

　これらの施設は，再生可能エネルギー源の活用と，環境に配慮した運営を行いながら，博物館資料の保存を実践している。再生可能エネルギーの利用は，博物館が持続可能性に対する取り組みを示す重要な手段ともなっている。

（4）　将来に向けた主に国内の研究動向

　ICOMは，博物館の進歩と発展を支援し，さまざまな専門分野に即して組織された32の国際委員会を持っている。これらの委員会では，研究発表やワークショップを通じて，世界中の専門家が情報交換や議論を行っている。そのような中，ICOM日本委員会は，2023年5月に「博物館と持続可能性，ウェルビーイング」というテーマで国際シンポジウムを開催した。このシンポジウムは，持続可能な開発目標（SDGs）の目標達成におけるミュージアムの変革的な可能性について議論するために企画されたもので，持続可能性，包括性の促進，社会的孤立への取り組み，健康増進に焦点を当てたものであった。

　国立民族学博物館では，博物館環境，資料管理，保存科学に関する研究を行った[16]。この研究は，モノ資料だけでなく映像資料にも及んでお

---

[14]　https://www.calacademy.org/about-us/sustainability-in-action/green-building-operations（2024年2月9日アクセス）

[15]　https://bloooop.com/sustainability/in-depth/sustainable-museums/
　　　https://www.archdaily.com/785442/museum-of-tomorrow-santiago-calatrava
（ともに2024年2月9日アクセス）

り，小規模な博物館や個人所蔵者でも応用可能な保存条件や指針を研究成果として提示している。また，新型コロナウイルス感染症の影響やエネルギー価格の高騰など，現代の社会状況に適合する持続可能な資料管理や保存環境の基盤整備に焦点を当てたものである。

東京文化財研究所のウェブサイトでは，「文化財の保存環境を考慮した博物館の省エネ化」に関する研究会の情報が掲載されている[17]。これは，文化財保存の観点から博物館の省エネルギー化に関する研究や議論の内容を示したものである。

文化財保存修復学会は2023年1月に「変動する地球環境と文化財の保存」と題した公開シンポジウムを，さらに2023年6月に「博物館・美術館における保存環境管理の現在―脱炭素化に向けた資料保存を考える―」と題した公開シンポジウムを開催した。日本国内では2021年初頭から電力供給が逼迫する状況に陥り，2021年3月には，原油を含む原材料価格が上昇し，2022年に入ってからは，エネルギー価格の高騰がさらに進んだ影響が博物館の運営に大きな打撃を与えることになった。持続可能性のある博物館運営の実現は目前に出現した巨大な危機を打開するためにも必要な研究課題となっている。

3．まとめ

本章では，博物館と環境保全の関連性，特にエネルギー問題や持続可能性の観点から博物館の社会的役割を検討した。博物館が未来に存続するためには，資料の保存と展示を行う際の地球環境への影響を最小限に抑えることが不可欠である。このために，エネルギー効率の向上，再生可能エネルギーの利用拡大，資料の保存環境の適正化などが重要な取り組みとして挙げられる。

国際的な気候変動対策としてのパリ協定やCOP会議などの動きは，

---

[16]　https://www.minpaku.ac.jp/post-project/5197（2024年2月9日アクセス）

[17]　https://www.tobunken.go.jp/materials/katudo/120405.html（2024年2月9日アクセス）

博物館業界に対しても環境保全活動の推進を促すものである。特に，資料保存のためのエネルギー消費とその環境への影響に焦点を当てた国際的な協議とガイドラインの確立が進んでいる。また本章では，博物館が文化的価値を保存しつつ，エネルギー効率の高い運営を実現するための具体的な事例や取り組みについても紹介した。

　本章を通じて，博物館が直面するエネルギー問題と環境保全の課題に対する理解を深めることができたと考える。博物館は，文化財を未来に継承すると同時に，環境への影響を最小限に抑えることにも責任を持つ必要があることは明らかである。そのためには，既存施設の利活用，環境条件の見直し，再生可能エネルギーの可能性の探求など，持続可能な運営を目指す取り組みが求められる。また，国内外の研究動向を踏まえ，持続可能な開発目標（SDGs）に向けた博物館の取り組みがより重要になっている。これらの活動は，博物館が社会的な役割を果たす上で不可欠であり，地球環境の保全との調和を図ることが今後の博物館運営にとって重要な課題であることを示している。

14 | 展示場における博物館資料の保存

和田　浩

《目標＆ポイント》　展示は博物館にとって主要な資料の活用形態であり，一般の来館者にとって最も身近な場を提供する活動である。本章では，展示場の特性を踏まえた資料保存に関する重要な要素技術について解説する。
《キーワード》　展示室，展示ケース，ガラス，気密性，調湿，空気汚染物質，照明器具，地震対策

1. 展示ケース

　展示場で博物館資料を保護する役割を主に担っているのは展示ケースである。展示ケース内に陳列することで資料は多くの損傷リスクから免れることができる。では展示ケースを製作する上で，どのような項目を重視すべきなのか，資料保存および演出双方の観点から以下に列挙して解説する。

（1）　ガラス

　まず考えるべきはガラスの質である。展示ケースはガラスを通して資料を鑑賞させる装置であるから，ガラスなくしては成立しない。質の高いガラスを使用することが，展示ケースおよび展示演出の質に直結する。

・高透過

　たくさんの光を透過する，つまり可視光の透過率が高い，高透過ガラスを使うのが望ましい（図14-1）。一般的なフロートガラスには特有

図14-1 高透過ガラスを使用した展示ケース（何枚ものガラスを通しても遠方がよく見えることを実感できる）

の青っぽい色が付いているものが多いが，高透過ガラスは限りなく無色透明である。高透過ガラスはガラス成分に含まれる不純物を極力除去して製作された特殊なガラスであり，博物館で用いられる仕様としては，可視光範囲の波長の光の透過率が90％を超える中でより高いものを選択するとよい。

　光照射によって少なからず資料の素材は劣化が進んでしまうが，同じ量の光を照射するのであれば，できるだけ真の色を表現できるガラスを用いた方が無駄に資料の寿命を消費するといった事態を回避できる。せっかく光を照射しても効果的に展示できないのでは単に劣化を促進しているだけに過ぎない。そのような点においても美しい展示の実現は資料保存とも大いに関係する。

・低反射

屋外を歩いていると，路上の店舗のガラスに鏡のように自分が映っている光景によく遭遇する。ガラス表面で多くの光が反射しているため，自分の姿が投影してしまうためである。展示ケースのガラス表面があのように反射していると，内側に展示されている資料の鑑賞に支障をきたす。したがって展示ケースに使うガラスはなるべく光を反射しない方がよい。ガラス表面に特殊なコーティングを施し，光の反射率を軽減したものを低反射ガラスと呼び，反射率が 1 ％未満の製品の中でより反射率の低いものを選択するとよい。

なお，コストは増大するが，ガラス両面に低反射コーティングを施すとより効果的である。資料に照射した光は資料表面で反射し，ガラスを透過して肉眼に届く。その際，ガラスの内側の反射率が高いと，資料表面からの光が再び資料側へ戻ってしまう。資料に照射した光を無駄にしないという意味からも両面低反射ガラスは効果的な仕様である。

・高強度

展示ケースの四方から資料を観察できるようにするには，四方をガラスで囲うデザインの展示ケースが必要になる。また，大型の資料を展示するためには，必然的に大きなガラスを使用することになる。ガラスの面積が大きくなるほど，ガラスには相応の強度が必要となる。仮に，ガラスの強度が不足していると，展示ケースが容易にゆがんでしまったり，あるいは地震発生時に容易にガラスが破損したりと，使用を続ける中で諸問題が発生しかねない。展示ケースにおいてガラスは構造部材であり，高い強度が必要とされる。設計する展示ケースに応じた強度を持つガラスを選択するよう留意すべきである。高強度であるガラスの一例として，合わせガラスという優れた構造を持つガラスが存在する（**図14−2**）。近年，展示ケースでも合わせガラスがよく用いられている。

図14-2　合わせガラスの断面（2枚のガラスの中間に透明な接着層が存在する）

　合わせガラスとは，2枚のガラスで透明なフィルムを中間層として挟み，接着により一体化したものである。正面から見ても全く分からないが，2枚のガラスを合わせているため，断面を見ると中間層の筋が見えるので合わせガラスだと分かる。
　合わせガラスには，耐震性および防犯性といった点で優れた特徴がある。例えば，合わせガラス表面をハンマーでたたいた場合，ガラスに亀裂は入るが，ガラス片が散逸することはない（図14-3）。中間層のフィルムにガラスが接着されているためである。何回もたたいてようやく小さな穴ができる程度である。高い防犯性のほか，合わせガラスは地震発生時に仮にガラスが損傷しても破片の飛散防止効果を発揮し，来館者や資料に与える被害を最小限度にとどめることができるという点で防災機能において優れたガラスであるといえる。

図14-3　合わせガラスの割れ方（ハンマーで何度たたいても破片が散逸しない）

（2）気密性

　展示ケースは気密性が高いほど，内部の空気環境は安定する。外気の流入が少ないため，外気の空気質で内部の空気が乱されにくくなるからである。気密性が高い，つまり高気密な展示ケースを「エアタイトケース」と呼ぶ。極めて隙間の少ない展示ケースということである。エアタイトケースを実現するには高度な技術が必要となる。展示ケースの使用は必ず開閉を伴うため，特に開閉部に隙間を生じさせない技術が難しい。エアタイトケースの基準値として定められたものは存在しないが，空気交換率として0.1回／日以下，という数値が国内では慣例的に用いられていられている基準である。これは最速でも10日間で展示ケース内の空気が1回換気されるというレベルであることを示す。

(3) 調湿機能

・調湿材

　展示ケース内の空気質の管理で最も注意すべきは湿度である。湿度の変動は資料の素材の変化を直接的に誘発するため、素材に適した湿度値を変動させずに管理したい。その際に活躍するのが調湿材と呼ばれる素材である。

　展示ケースを設計する際には、必要量の調湿材を設置できる空間を必ず組み込んでおく（**図14-4**）。できれば調湿材は、展示ケースの扉を開放せずに設置や交換が可能であることが好ましい。その機能は展示ケース完成後に付加することはほぼできないため、設計段階から計画しておかねばならない。また、調湿材設置場所と展示ケース内の空間とが離れている場合には、効率的に空気が循環するように小型のファン（PCのCPU冷却用の製品など）を設置して気流を生み出すことで解

図14-4　展示ケース下部に組み込んだ調湿材設置用
　　　　トレイ

決できる。こうした工夫も設計段階から組み込んでおかねばならない。

（4） 作業空間の確保

　展示ケースは学芸員の作業場所でもある。陳列作業では展示ケース内に学芸員が入り，資料を扱う作業が必ず発生する。展示や撤収に伴う作業を安全に行えるような作業空間を確保せねばならない。資料にガラスが覆いかぶさり，上から資料を覗いて鑑賞するタイプの展示ケースを「覗きケース」と呼ぶが，特に覗きケースでは扉を大きく開放できる機構を組み込むことが難しく，作業空間の確保が設計上重要な項目となる（図14-5）。新たな展示ケースを製作する際には，事前にしっかりとシミュレーションをしておき，どのようなデザインであれば，十分な作業空間を構築できるのか，設計を練り上げておかねばならない。

図14-5　覗きケースでの陳列作業

（5） 素材

　気密性の項目でも説明したように，高性能の展示ケースは高気密であるがゆえに内部の空気がほとんど換気されない。したがって，展示ケー

ス内部に有害ガスが少量でも発生する素材が使われていると，徐々に濃度が上がり，高濃度の状態を維持してしまうリスクがある。展示ケースに使用する素材は，資料の素材を劣化させる有害ガスを揮発しないものを選択せねばならない。

・クロス

　展示ケース内にクロスを貼って仕上げる部分があれば，ほぼそこに接着剤が使用される。接着剤には接着効果を持つ合成樹脂と，接着剤を柔らかくする添加剤，そしてそれらを溶かしている有機溶剤を含むものがある。物質同士を接着する過程で，そのうちの有機溶剤が揮発し，それが資料にとって有害なガスとなる。こうした揮発性の物質はVOC（Volatile Organic Compounds：揮発性有機化合物）と呼ばれる。このような接着剤由来のVOCによるリスクを根本的に回避するために，クロスを接着せず，巻き込んでタッカー等で物理的に留めるという施工方法は極めて有効である。どうしても接着剤を使用せねばならない場合，製品の成分を確認して，溶剤系ではなく，水系のものを使用するなど，低VOCの製品（基準適合製品も存在する）を使うようにする。接着剤が乾燥する過程が最もVOCを放出するため，接着剤使用後は換気のよい場所で長期間乾燥させて，枯らした後で展示ケース内に設置する，といった工程の見直しも合わせて行う。

・塗料

　塗料に関しても同様に，VOCについての注意が必要となる。油性塗料の場合には，乾燥過程で大量のVOCが放出し，さらに硬化後もわずかではあるが，VOCが発生し続けるので，塗装方法そのものを見直した方がよい。そのような状況を鑑みて近年の展示ケースの塗装によく用いられているのは，粉体塗装という施工方法である。文字通り粉体化した顔料等を素材に吹き付け，加熱して塗膜を形成する方法のため，そも

そも溶剤を使用しない塗装方法である。VOC の発生を限りなくゼロに近づけることができる。

・合板

　本来展示ケースは無機質の部材で製作する方が，VOC 発生という観点からは好ましい。しかし，陳列作業の実務的な利便性から，内装材に合板が用いられることが多い。例えば合板にクロスを貼った展示面の上に資料を設置し，ピンを打って資料を直接固定する，ピンにテグスを結び付けて資料を固定する，あるいはピンでキャプションパネルを打ち付ける，といった作業は金属板よりも合板の方が作業性がよい。しかし，合板は薄い木材シートを接着剤で貼り合わせて製造された製品であり，必然的に接着剤の使用量が多い部材である。まず，合板以外の選択肢について十分に検討すべきである。どうしても合板を使用する場合には，構造用合板特類の F ☆☆☆☆（エフ・フォースター）のような，なるべく VOC 発生量の少ない製品を選択すべきである。合板からは必ず VOC が発生するため，さらに VOC を遮蔽できるシート（アルミシートなど）で合板を被覆した上で使用する。しかし，展示ケース製作段階でこのような対策を講じたとしても，上述したような作業でピンを打つと，その穴から VOC が放出してしまう。その対策としては，VOC 吸着剤を展示ケース内に設置し，定期的に交換する，定期的に展示ケースを開放して換気するといったメンテナンスによる対応が挙げられる。

2．展示室全体

　以上は特に展示ケースに関する事項を列挙して解説したものである。ここからは，展示室全体に関して，資料保存上注意すべき点を中心に解説する。

(1) 照明

　展示は照明器具がなければ成立しない。一方で照明光は資料を劣化させる原因でもある。照明設計では，有害な波長領域の光の除去と，必要最小限度の強度の光による照射を最重要項目に位置付けるべきである。具体的には，光源から紫外線，赤外線を除去できているか，出力を調整して素材に応じた照度で照射しているかの確認を行う。

・照度

　特に照度については，資料の素材に応じて，最大照度の基準を設けるとともに，展示期間にも制限を設けて管理する（**図14-6**）。素材ごとの照度基準値としては，文化庁が公開している，「国宝・重要文化財の公開に関する取扱要項」を参考にするとよい。注意したいのは，所蔵資料を他館へ貸し出した場合，貸し出し先施設で展示期間を消費してしまう点である。展示期間によっては返却後，1年以上経過した後にようやく自館で陳列可能となる場合もある。

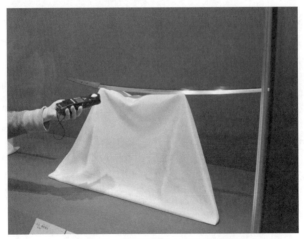

図14-6　照度計による照度計測

・発熱

　照明器具は電気を光に変換する装置であり，現状では入力された電気を損失なく光に変換する照明器具は存在しない。つまり，どのような光源であっても，必ず光源が発熱してしまう。特にハロゲンランプの場合は光源の部分が非常に高熱となる。また，ハロゲンランプの場合，光源から赤外線が出るため，赤外線カットフィルターを設置しないと資料照射面を加熱してしまう（図14-7）。

　LED 照明器具の場合は電気を光に変換する効率が高いため，ハロゲンランプほどの発熱は生じない（図14-8）。しかし，それも100％の効率ではないため，若干の発熱は生じる。いずれにせよ，光源からの熱を資料へ伝導させないような設計上の工夫が必要となる。

　展示ケース内部に照明器具を設置する場合には，あらかじめ光源からの排熱について設計しておく必要がある。例えば LED 照明器具を展示台に埋め込むような設計の場合，展示台内部に滞留する熱をファンを用いて強制的に展示ケース外へ排出する機構を用いた実例も存在する（図

 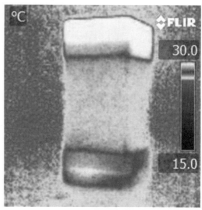

図14-7　ハロゲンランプを光源に持つ展示ケースの表面温度分布

224

 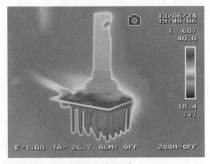

図14-8　LED 照明器具（試作品）の表面温度分布

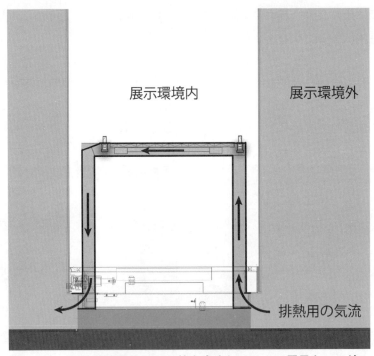

図14-9　LED 照明器具からの熱を空冷システムで展示ケース外へ排出する設計

図14-10　支持具による展示演出

14-9）。使用する照明器具の発熱量を鑑みて，どのような排熱設計が必要であるか，事前に検討しておくのが好ましい。

(2)　地震対策

・支持具

　地震発生時に資料の落下，転倒，移動を回避するために効果的なのは支持具の使用である（図14-10）。陳列時に展示面との接地面積が小さい資料や，重心位置が高い資料は地震動に対して非常に弱い。資料の形状に応じた支持具を設計し，展示面，壁面と強固に固定する必要がある。支持具を用いた固定が地震対策の基本中の基本である。また，立体物は支持具によって展示演出上の効果が高まるため，防災と展示効果の両側面から支持具は展示に不可欠な要素とも言える。

・免震装置

　支持具による地震対策は耐震を重視したものである。一方，地震によ

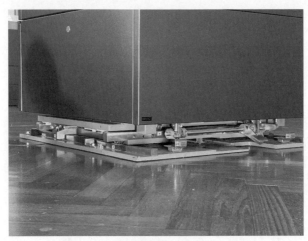

図14-11　免震装置が露出した状態

る振動を資料に伝えない工夫は免震と分類される対策となる。免震を実現するためには，床面と資料との間に免震装置と呼ばれる特殊な装置が必要となる。国内では展示ケース底面に免震装置を設置し，免震装置と一体化した展示ケースとして設計したものが多く見られる。露出展示の場合には，資料の下に免震装置を設置して資料ごとに地震対策を講じることになる。

　展示する上での注意点として，免震装置そのものが露出した状態では展示ケース全体の美観を損ねるという問題がまず存在する。また，機械の損傷やトラブルを回避するという点でも好ましくない（図14-11）。そこで，平常時は免震装置前面を造作物で覆い，免震装置が作動した際には造作物ごと動いて，効果を発揮するというデザイン処理が施されることが多い（図14-12）。機構としては若干複雑になるものの，こうした展示演出上の配慮も必要である。

　免震装置を使用する上で忘れてはならないのは，免震装置は振動をな

図14-12　免震装置の前面を覆うカバーが出た状態

くすものではないという点である。地震発生時の地面の振動を緩和するものである。技術的には地震による振動を摩擦熱等のエネルギーに変換して消費し，振動周波数を低周波にシフトさせる装置である。したがって，免震装置上であっても地震発生時には振動による加速度が発生する。そのレベルの振動であっても転倒危険性のある不安定な資料は免震装置上でも支持具を用いて固定せねばならない。免震装置上に陳列しさえすればよいという考え方は大変危険である。

（3）　保安性

　展示ケースで保護された資料は施錠やガラスによってある程度の保安性を獲得できる。一方で，展示ケース外に露出陳列される資料は非常に大きな保安上のリスクにさらされているという認識が必要である。展示環境は収蔵環境や輸送環境とは異なり，資料が不特定の来館者と至近距離に置かれる。暴力的行為でなくとも，極めて混雑した展示室では来館

者が展示ケースや展示資料に接触してしまう等，予期せぬ事故の原因ともなる。展示室内で許容できる滞留者数を想定しておき，過度な混雑を回避するための入場制限も時として必要となる。

3．日々のメンテナンス

(1) 環境モニタリング

　展示室内および展示ケース内の温度湿度計測は，展示環境モニタリングの基本である。各所に温度湿度データロガーを設置して，日々のデータの記録を心がけたい。しかし，計測機器が目立つと，展示演出に影響し好ましくない。理想的には計測機器は来館者の目に付かない位置であり，かつ，適切なデータを取得できる場所でもあることが望ましい（図14-13, 14)。

　また，空気汚染物質濃度も定期的に計測しておきたい項目である（図14-15)。特に内装材の影響が懸念される展示ケース内は，展示ケース竣工直後だけではなく，数年ごとに計測して安全確認，あるいは問題の早期発見を実現したい。展示室内で汚染物質濃度が高い場合，検出され

図14-13　温湿度データロガー設置場所の工夫事例

図14-14　普段の様子ではデータロガーは目立たない

図14-15　パッシブサンプラーを用いた空気環境調査

た物質により発生源が屋外か屋内かで対策は異なる。例えば空調機器の化学吸着フィルターの目詰まりが原因となっている状況も想定されるため，展示室内であってもなるべく定期的に計測することが望ましい。

（2）定期的な清掃

　IPM の観点からも展示室の定期的な清掃は必須である。多くの博物館施設は日常的な床清掃を実施していると思われるが，別途契約して床清掃だけでは行き届かぬ部分の清掃を定期的に実施するのが望ましい（図14-16）。展示室では来館者の衣類から生じるほこりや外気から流入するほこりが少しずつ堆積する。基本的に段差や隙間が生じている部分にはほこりが堆積するものと考えるべきである。具体的には自動販売機の下や棚の上部，壁面パネルの隙間，展示ケースの天板表面，室内照明器具の上部といった部分が特殊な清掃の対象となる。また，展示室に隣接するホールはカーペット敷きの仕様である場合もあり，シミ等の文化財害虫が隠れて生息していることもある。展示室は屋外と直結してい

図14-16　特殊な部分に対する清掃

る空間であるため,生物的なリスク管理についても予断を許さない環境である。

4．まとめ

本章では,博物館展示場における資料の保存に焦点を当て,その重要性と具体的な方法論について詳細に解説した。最も重要なのは,資料の保全を最優先とすることであり,そのためには,展示ケースの設計,気密性,調湿機能,作業空間の確保,そして使用素材の選択に至るまで,多くの要因を考慮する必要がある。

展示ケースの設計では,資料を損傷から保護するために高透過ガラス,低反射ガラス,高強度ガラスの使用が重要となる。気密性と調湿機能に関しては,資料が最適な環境で保存されるように,外気流入を制限し,湿度を適切に管理することが求められる。また,展示作業の効率と安全性を考慮して,適切な作業空間を確保することが不可欠となる。展示

ケースに使用する素材については，資料を劣化させる可能性のある有害なガスを発生させないよう，特に注意が必要である。

展示室全体の管理においては，照明設計，地震対策，保安性，環境モニタリング，そして定期的な清掃が重要となる。これら全ての側面を考慮に入れることで，資料の保全を最大限に保証し，博物館がその社会的役割を果たすことが可能となる。

この章を通じて，博物館資料の保存が単に物理的な保護だけではなく，環境保全，技術的な洞察，そして運用上の継続的な配慮を含む多面的な活動であることが明らかとなったことであろう。未来に博物館がその重要な役割を続けるためには，これらの要素が不可欠であり，常に最新の知見と技術を取り入れる柔軟性が求められる。

15 | 博物館資料の保存と活用

間渕　創

《目標＆ポイント》 博物館資料を保存し，活用し，次世代へ継承していく役割を担っている博物館では，資料の保存と活用を両立させなければならない。本章では，現在の日本における博物館資料の保存と活用を取り巻く背景と具体的な事例を学ぶ。
《キーワード》 文化財保護法，博物館法，保存，活用，継承，高精細複製品，デジタルアーカイブ，クラウドファンディング

1. はじめに

　博物館とは ICOM（International Council of Museums）の定義では，「有形及び無形の遺産を研究，収集，保存，解釈，展示する，社会のための非営利の常設機関である」とされ[1]，また日本においても博物館法第2条によって，「歴史，芸術，民俗，産業，自然科学等に関する資料を収集し，保管（育成を含む。以下同じ。）し，展示して教育的配慮の下に一般公衆の利用に供し，その教養，調査研究，レクリエーション等に資することを目的とした機関」とされている。これらから，博物館とは資料の保存と活用の両方を行う施設であることが分かる。

　他方，第3章で解説した通り，この世のあらゆる物質は理論上必ず経年で変質し，有形の博物館資料も物質である以上，同様に変質＝劣化することになる。物質が変質しやすい環境に置かれればそれだけ速く資料は劣化し，変質させる要因が少ない環境では資料の劣化は遅くなる。資料の劣化をできるだけ遅くすることだけを考えた場合，一切の利用や公

---

[1]　https://icom.museum/en/news/icom-approves-a-new-museum-definition/
（2024年2月27日アクセス）
https://icomjapan.org/journal/2023/01/16/p-3188/（2024年2月27日アクセス）

開をせず死蔵することが最適となってしまう。つまり博物館資料の展示活用や閲覧を伴うような調査研究は一定の資料劣化を伴う行為である。博物館資料の保存と活用では，資料の劣化リスクを許容可能なレベルまで低減した上で，活用に伴う残りの劣化リスクを受容する必要がある。この資料の保存と活用の関係について理解をした上で，資料に過大な悪影響を及ぼすような活用を避け，適切な資料の活用による「教育，愉しみ，省察と知識共有のための様々な経験を提供する」[2]博物館活動が求められる。

2． 適切な保存環境における博物館資料の活用

（1）　日本における国指定文化財の公開活用

　博物館資料だけでなく地域にある文化財も含め，日本における文化財の保存と活用については，文化財保護法で法律として定められている。博物館での文化財の保存と活用という視点から重要な点の1つとして，法第53条（所有者等以外の者による公開）が挙げられる（以下，53条公開という）。ここでは国指定の文化財，つまり重要文化財および国宝を所有者から借用して展覧会等で公開活用する場合には文化庁長官の許可を必要と定められている。例えば，社寺が所有する重要文化財を博物館が展覧会の期間のみ借り受け，展示室で展示する場合などが該当する。一定の条件を満たすことによって借用公開の事後報告のみでよい場合もあるが（公開承認施設の認定），原則的には国指定文化財を借用公開する展覧会のたびに公開申請が必要となる。事前に文化庁が申請内容を確認することで，適切な展示活用を確保するための仕組みである。

　文化庁への国指定文化財の公開申請に当たっては，表15-1に示す内容を記載した申請書を提出する必要がある。このうち展示や一時保管に当たって適切な環境であるかについては，独立行政法人国立文化財機構

---

[2]　https://icom.museum/en/news/icom-approves-a-new-museum-definition/
（2024年2月27日アクセス）
https://icomjapan.org/journal/2023/01/16/p-3188/（2024年2月27日アクセス）

表15-1　文化財保護法第53条による国指定文化財の公開申請に係る申請書類

申請書記載事項

> 1　展覧会の名称，2　展覧会の趣旨，3　主催者，4　後援，5　公開の期間（期間に加え，休館日を含む公開日数），6　公開の場所，7　公開品目，8　陳列，撤回等の技術指導者，9　保管責任者，10　輸送方法，11　その他参考となるべき事項

添付資料

> 1　全出品リスト（公開しようとする国宝・重要文化財については，名称及び員数，指定年月日及び指定書の記号番号，休館日を含む公開日数，所有者の氏名または名称及び住所（管理責任者又は管理団体がある場合はその氏名または名称及び住所，重要文化財の所在の場所を明示）），2　所有者出品承諾書，3　所轄消防署意見書，4　会場（博物館施設）の図面（防火・防犯設備を明示），5　展示室平面図（公開場所を明示），6　昼夜間警備状況及び非常時における退避計画，7　環境調査報告書（展示ケースの性能，調湿の方法，文化財活用センター意見書の写，昨年同月の公開予定場所の温湿度記録等）

文化財活用センターが第三者的に展示環境を評価した環境調査報告書の提出が求められる。

（2）　国宝・重要文化財の公開に関する取扱要項

　53条公開を行う展示環境については，「国宝・重要文化財の公開に関する取扱要項」に定められている[3]。この要項には資料の移動や公開によって毀損や劣化が進行するおそれがある場合などには公開を避けなければならないことや，原則として公開のための移動回数を年間2回以内とし，公開日数は年間延べ60日以内（褪色や材質の劣化の危険性が高いものは30日以内）とすることなどが記載されている。また展示ケースでの展示を原則とし，大気汚染，文化財に悪影響のあるガス，カビ，塵埃

---

[3]　https://www.bunka.go.jp/seisaku/bunkazai/hokoku/pdf/r1401204_01.pdf（2024年2月28日アクセス）

第15章　博物館資料の保存と活用 | **235**

等の発生や影響を受けない清浄な環境のもとで，展示室内の温度および湿度の急激な変化が生じないようにすることとされている。

　具体的な展示環境として，展示ケース内の温度は22±1℃（ただし公開を行う施設が所在する地域の夏期および冬期の平均外気温の変化に応じ，季節によって緩やかな温度の変動はあってもよい），相対湿度は55±5％（年間を通じて一定に維持すること）を目安とするとされている（ただし金属製品の相対湿度は50％以下，近代の洋紙を利用した文書・典籍類，図面類，写真類などの相対湿度は50～55％程度）。

　照度については，原則として150lx 以下で，直射日光が入る場所など明るすぎる場所での公開を避け，また特に褪色や材質の劣化の危険性が高い重要文化財等については，露光時間を勘案して照度をさらに低く保つこととされている。光源は，蛍光灯を使用する場合には，紫外線の防止のため，退色防止処理を施したもの，白熱灯を使用する場合には，熱線（発熱）の影響を避けるよう配慮する必要があり，紫外線や赤外線の出ない LED 照明等を使用する場合であっても原則と同様の照度で取り扱うこととされている。なお，平成30年の改定において，文化財材料には脆弱なものから比較的堅牢なものまであるため，各分野別の材質や種類等を踏まえた留意事項が追加された。例えば光で褪色しやすい版画の公開日数は年間延べ30日以内で照度50lx 以下，逆に環境の影響を受けにくい石，土，ガラスまたは金属製の考古資料の公開日数を年間延べ150日以内とするなどである。

（3）　文化財活用センターによる環境調査

　前述の通り，文化庁への53条公開の申請には，文化財活用センターによる環境調査報告書の添付が必要となる。展示ケースの仕様や温湿度管理方法，使用する照明機器などの情報とともに，展示室や展示ケース，

一時保管場所の温湿度記録，空気環境測定結果について，国指定文化財の展示に耐えうる環境であるか評価する。温度・湿度については，展示ケース内が取扱要項にある温度・湿度範囲内であるか，空調による短時間の変動がないかなどをデータロガーによる温湿度記録から評価する。照明については，適切な照度設定が可能であるか，紫外線への対策はされているかについて，照明機器の仕様から評価する。空気環境については，国宝・重要文化財の公開に関する取扱要項では「大気汚染，文化財に悪影響のあるガス」とのみ表記があり具体的な化学種やその濃度は示されていないが，展示ケース内で問題となることが多い有機酸（酢酸，ギ酸）とアンモニアについて文献値をもとに，それぞれ有機酸（酢酸換算として）170ppb（$430\mu g/m^3$）以下，アンモニア30ppb（$22\mu g/m^3$）以下を基準としている。測定方法はパッシブインジケータや北川式ガス検知管をはじめ，イオンクロマトグラフィや HPLC などの精密分析としている。これらの評価をもとに，展示する国指定文化財の種別も勘案しながら，展示環境についての所見を付した環境調査報告書が作成される。

　これらは国指定文化財を展示活用するに当たっての環境評価であるため，一般の博物館資料の展示環境と比してやや厳しい条件となっているが，安全に博物館資料を活用するに当たっての考え方と大きな違いはない。博物館資料を適切に活用していくためには適切な保存環境の確保が欠かせない。

3．日本における文化財や博物館資料の保存と活用に関する法律と近年の改正

（1）　文化財保護法

　文化財保護法は，昭和25（1950）年に制定された文化財の保護につい

ての総合的な法律である。この法律の目的は法第1条に「文化財を保存し，且つ，その活用を図り，もつて国民の文化的向上に資するとともに，世界文化の進歩に貢献することを目的とする」として示されている。法の目的として文化財を保存するだけでなく，活用を図ることも明記されている。日本の文化財保護制度の根拠となる法律において，文化財を保存，活用の両方によって保護するという考え方は重要な点である。

　文化財保護法は，社会構造や国民の意識の変化に伴い，制定後幾度もの改正を経て現在に至っている。平成29（2017）年に文化審議会による答申[4]を受け，「過疎化・少子高齢化などを背景に，文化財の滅失や散逸等の防止が緊急の課題であり，未指定を含めた文化財をまちづくりに活かしつつ，地域社会総がかりで，その継承に取組んでいくことが必要」[5]との認識から，地域における文化財の計画的な保存・活用の促進や，地方文化財保護行政の推進力の強化を図ることを趣旨とし，平成31（2019）年に「文化財保護法及び地方教育行政の組織及び運営に関する法律の一部改正」が行われた。

　この文化財保護法の改正では，都道府県による文化財保存活用大綱の策定，市町村が作成する文化財保存活用地域計画の文化庁長官による認定などが制度化された。特に市町村の基本的なアクションプランである文化財保存活用地域計画では，「地域に所在する未指定を含めた多様な文化財を総合的に調査・把握したうえで，まちづくりや観光などの他の行政分野とも連携し，総合的に文化財の保存・活用を進めていく」[6]ことも目的としている。過疎化を含め地域それぞれの事情に合わせた保存と活用に関する方針を決めることができるようになったといえる。

---

[4]　https://www.bunka.go.jp/seisaku/bunkashingikai/sokai/pdf/r1391804_01.pdf （2024年2月28日アクセス）

[5]　https://www.bunka.go.jp/seisaku/bunkazai/pdf/r1402097_01.pdf （2024年2月27日アクセス）

[6]　https://www.bunka.go.jp/seisaku/bunkashingikai/bunkazai/kikaku/h30/02/pdf/r1410645_01.pdf （2024年2月27日アクセス）

地方教育行政の組織および運営に関する法律の改正においては，これまで首長部局が行う開発行為との均衡や政治的中立の観点から教育委員会のみが所管できた地方文化財保護行政を，条例により首長が担当できることとした。保存と活用の均衡や文化財の本質的な価値が毀損されないよう留意することなどの付帯決議が付されているが[7]，首長部局が担う地域活性化や観光促進についての施策と文化行政の連携を円滑に，一体的に進めやすくなったといえる。この2法の改正の要点は，①地域の事情に合わせた地域総がかりによる文化財の継承，②観光資源として活用しやすくするための規制緩和といえる。地域の文化財継承とともに積極的な活用促進に向けた意図が強く押し出された改正であることが分かる。

　なお本改正の前段階として，「文化財の観光資源としての開花」，「稼ぐ文化への展開を推進する」といった国の方針がある[8]。また改正後の内閣総理大臣施政方針演説では，この改正について観光立国の文脈で語られ，「我が国には，十分活用されていない観光資源が数多く存在します。文化財保護法を改正し，日本が誇る全国各地の文化財の活用を促進します」との発言があり[9]，改正により国として文化財の観光資源としての活用を推進する意図が見られる。

---

[7]　https://www.bunka.go.jp/seisaku/bunkazai/pdf/r1402097_06.pdf.（2024年2月28日アクセス）

https://www.bunka.go.jp/seisaku/bunkazai/pdf/r1402097_07.pdf（2024年2月28日アクセス）

[8]　https://www.kantei.go.jp/jp/singi/keizaisaisei/pdf/miraitousi2017_t.pdf（2024年2月28日アクセス）

https://www5.cao.go.jp/keizai-shimon/kaigi/cabinet/honebuto/2017/2017_basicpolicies_ja.pdf（2024年2月28日アクセス）

[9]　https://www.kantei.go.jp/jp/98_abe/statement2/20180122siseihousin.html（2024年2月28日アクセス）

（2） 博物館法

博物館法は，昭和24（1949）年の社会教育法，翌25（1950）年の図書館法に続き，昭和26（1951）年に博物館の設置や運営の在り方を示すことで，社会教育法において「社会教育のための機関」として位置づけられている博物館の機能の整備と充実を図るために制定された。前述の通り博物館法第2条で博物館は資料の保存，活用の両方を行う機関と定義され法的に定められている。

他方，平成29（2017）年に文化芸術振興基本法が文化芸術基本法へと改定され，「文化芸術」の範疇がまちづくり・国際交流，観光・産業，福祉等との連携などまで拡大された。また令和元（2019）年ICOM京都大会では「Museums as Cultural Hubs: The Future of Tradition（文化をつなぐミュージアム ―伝統を未来へ―)」をテーマとし[10]，博物館を文化観光，まちづくり，社会包摂など社会的・地域的課題と向き合うための場として位置づける議論がなされた。このような博物館に求められる役割・機能の多様化・高度化を背景に，令和5（2023）年の博物館法一部改正では，博物館の登録制度や学芸員制度についての改正とともに，法第1条の目的において，従来からの社会教育法の精神に加え，文化芸術基本法の精神にも基づいて博物館を設置および運営することとされた。博物館が社会教育施設と文化施設の双方の役割・機能を担うことを求められていることが分かる。また博物館が行う事業として，「博物館資料に係る電磁的記録を作成し，公開すること」（デジタルアーカイブ化の推進)，「地方公共団体，学校，社会教育施設その他の関係機関及び民間団体と相互に連携を図りながら協力し，当該博物館が所在する地域における教育，学術及び文化の振興，文化観光（有形又は無形の文化的所産その他の文化に関する資源（以下この項において文化資源という。）の観覧，文化資源に関する体験活動その他の活動を通じて文化に

---

[10] https://icomjapan.org/wp/wp-content/uploads/2020/03/JP_ICOM2019_FinalReport.pdf（2024年2月28日アクセス）

ついての理解を深めることを目的とする観光をいう。）その他の活動の推進を図り，もつて地域の活力の向上に寄与するよう努めるものとする」などが加えられた。

　この改正は従来からの博物館の基本的な役割・機能を今後とも引き続き果たしながら，より積極的に文化財や博物館資料を文化資源として活用した，文化観光等への取り組みが求められていることが読み取れる。

4．文化財の新しい活用の模索—文化財活用センターの取り組み

（1）　文化財の新しい活用

　現在，国内外の博物館等では，実物の文化財の展示公開に限らない新しい活用方法や，柔軟な資金調達や多くのステークホルダーとのつながりを目指した事業など，新たな取り組みが行われ始めている。現在の日本における新しい文化財の活用についての事例の１つとして，独立行政法人国立文化財機構に設置された文化財活用センターの取り組みについて取り上げる。

（2）　独立行政法人国立文化財機構と文化財活用センターのミッション，ビジョン

　独立行政法人国立文化財機構は，東京国立博物館，京都国立博物館，奈良国立博物館，九州国立博物館，皇居三の丸尚蔵館の５つの博物館と，東京文化財研究所，奈良文化財研究所およびアジア太平洋無形文化遺産研究センターを所管する，文化庁所掌の独立行政法人である。前節の法改正や文化芸術基本法の制定などから見られるような，保存と活用の好循環による地域の活性化や観光振興を促すといった国の文化政策を背景として，平成30（2018）年に機構本部に文化財活用センター（National

Center for the Promotion of Cultural Properties）が開設された。文化財活用センターのミッションには，「文化財を1000年先，2000年先の未来に伝えることは，今を生きる私たちに課された重要な使命である」とある。これを実現するためには，文化財を未来に伝えていくことについての社会的合意を得る必要があると考え，そのためには「あらゆる地域でこどもから大人まですべての人々が文化財に親しみ，身近に感じてもらうこと」が重要であるとしている。この考えのもと，「これまでミュージアムを利用する機会に恵まれなかった人を含め，多くの人びとが，文化財を通して豊かな体験と学びを得ることができるよう」，文化財の活用に関する新たな方法や機会を開発し，情報基盤の整備を目指して取り組んでいる。

　また文化財活用センターのビジョンには，「ミュージアムに関わる人はもちろん，一般市民も，企業やさまざまな社会的団体も，すべての人びとが，文化財を守り，伝えるために，考え，参加する社会を作ることを目指す」とされ，5つの分野について事業を行っている。具体的には①文化財に親しむためのコンテンツ開発とモデル事業，②文化財のデジタル資源化の推進と情報発信，③文化財機構を構成する国立博物館の収蔵品の貸与促進，④文化財の保存環境に係る相談対応，技術支援等，⑤文化財をめぐるファンドレイジングの5つの分野である。以下で5つの事業について概説する。

（3）　文化財活用センターの活動
①文化財に親しむためのコンテンツ開発とモデル事業
　博物館等だけでなく企業や各種団体とも連携し，先端的な技術による文化財の複製製作，8K映像を用いたVR，AR，MRといったXR技術を駆使したコンテンツの開発・公開により，文化財の魅力をより分か

図15-1　複製品を用いたアウトリーチプログラム

りやすく伝えるような取り組みを行っている。これまで博物館等を利用する機会がなかった方々を含め多くの人々が文化財に目を向けるきっかけとなるよう，また文化財を通して豊かな体験と学びを得ることができるよう，さまざまな展示プログラムを開発・実施している。

　例えば，国立文化財機構が所蔵する絵画，書籍，彫刻，工芸品，考古資料などの先端技術による高精細複製品または復元資料などを製作し，博物館やイベント会場，国際会議等へ貸し出しを行っている。また高精細複製品にプロジェクションマッピングを投影する新しい体験型展示を目指したデジタルコンテンツの製作や，土偶の3D計測データとX線CTデータをもとに内側まで再現し，製作時の指跡を見られるように前後を分割したハンズオンなど，実物資料ではできない活用も行っている。

　先端技術を持つ企業と連携したデジタル技術を利用した体験型展示では，8K映像だけでなく利用者が能動的に鑑賞するコンテンツや手話CG実証実験などを行っている。小中学校や特別支援学校，院内学級へのアウトリーチプログラムも行っており，文化財複製などを用いて全国

第15章　博物館資料の保存と活用 | 243

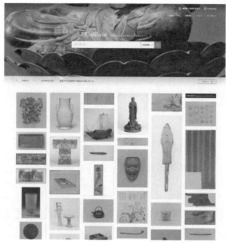

図15-2　ColBase（国立文化財機構所蔵品統合検索データベース）

各地の子どもたちが文化財に親しむためのプログラムの開発・実施も行っている（**図15-1**）。

　複製品の活用は，文化財の保存と展示活用における相反を克服するだけでなく，デジタル技術を利用した付加的な鑑賞体験を提供できる可能性もあると考えられる。

②文化財のデジタル資源化の推進と情報発信

　1990年代から国立文化財機構の各施設がそれぞれ管理する作品や資料のデジタル化に取り組み，公開してきたデジタル資源を統合的に運用し，利便性を高める取り組みを行っている。国立博物館所蔵の国宝・重要文化財約1,000件の高精細画像（IIIF対応）を公開する「e国宝」[11]や，所蔵品全体を検索できる「ColBase（国立文化財機構所蔵品統合検索データベース）」（**図15-2**）[12]などすでに公開されているサイトを継承するとともに，各施設が保有するデジタル資源を相互に連携する環境の構築を

---

[11]　https://emuseum.nich.go.jp/（2024年2月29日アクセス）

[12]　https://colbase.nich.go.jp/（2024年2月29日アクセス）

行っている。ColBase については，文化財機構の約13万件に上る文化財について資料画像，解説文（日英中韓）などを順次掲載しており，利用規約を守ることで商用利用や加工編集を含め申請なしで利用できる。学校での調べ学習などの教育，調査研究だけでなく，観光やビジネスでの利用など，新たな価値の創出やイノベーションのための基盤として利用されることを目指している。

またデジタル資源の利活用を目指す地方自治体やミュージアムへの適切な事業の方向性や技術的な課題について助言をしている。先に述べた博物館法の改正にもあるように，資料等のデジタルアーカイブ化は博物館の事業として位置づけられており，現状さまざまな課題はあるものの，今後全国の博物館等においても取り組みが加速するものと考えられる。なお第38回ユネスコ総会で採択された「ミュージアムとコレクションの保存活用，その多様性と社会における役割に関する勧告」[13]（UNESCO2015, UNESCO・ICOM 日本委員会2015）にある通り，「電子化がコレクションの保全に取って代わるものと見なされることがあってはならない」（抜粋）という点は，デジタルアーカイブ，広くは博物館 DX（デジタルトランスフォーメーション）において重要な指摘である。

③文化財機構を構成する国立博物館の収蔵品の貸与促進

国内各地のミュージアムに対して国立博物館が収蔵する各地域ゆかりの収蔵品を貸し出す，国立博物館収蔵品貸与促進事業を行っている（図15-3）。貸与品の梱包・開梱および展示・撤収作業にかかる費用や輸送にかかる費用，貸与品の保険にかかる費用等々を文化財活用センターが負担する。これまで立地条件等により国立博物館の収蔵品に親しむ機会が限られていた地域に対し文化財が広く公開されることで地域文化の創生，次世代への文化財の継承，観光振興につながることを目指してい

---

[13]　https://www.j-muse.or.jp/02program/pdf/UNESCO_RECOMMENDATION_ENG.pdf（2024年 2 月28日アクセス）
https://www.j-muse.or.jp/02program/pdf/UNESCO_RECOMMENDATION_JPN.pdf（2024年 2 月28日アクセス）

第 15 章　博物館資料の保存と活用　| **245**

図15-3　貸与促進事業による地域ゆかりの作品の貸し出しによる展覧会

る。本事業は平成29（2017）年から東京国立博物館が実施してきた事業を引き継ぎ，現在は京都国立博物館，奈良国立博物館，九州国立博物館が加わり，今後東京文化財研究所，奈良文化財研究所の収蔵品に広げていく。文化庁長官の承認を受けた公開承認施設および博物館法で定められた登録博物館，博物館に相当する施設であれば，公私立を問わずに応募でき，展覧会企画案などをもとに選定委員会によって対象館を選定する。

　国立博物館が所有する地域ゆかりの文化財をその当地の博物館の展覧会において展示公開することは，文化財の活用による地域活性化の取り組みの１つであると考えられる。

④**文化財の保存環境に係る相談対応，技術支援等**

　文化財保存の観点から博物館活動の活性化に協力するために，全国の

博物館等における展示・収蔵環境に関する相談を随時受け付け，助言や支援を行っている。博物館等からの環境相談は，温度・湿度管理，環境調査方法，IPM，改修工事など多岐にわたり，場合によっては現地に赴き環境調査を行っている。保存科学専従の学芸員が少ない日本の現状において，日々の保存環境管理や課題への対策について随時相談できることは，博物館等での適切な文化財の保存，活用に対して有効である。また文化庁からの依頼を受け，本章第2節にある通り，53条公開に係る保存環境調査を行っている。一定の環境基準を満たせていない館については，対策や改善方法などについて助言を行い，適切な環境を確保した上で国指定文化財の公開活用が実施できるよう協力することも含まれる。博物館建設やリニューアルに当たっての設計協議も行っている。新築やリニューアル館において積極的に文化財を活用していくためには，保存環境を確保できる施設設備が必要になるため，設計協議においてはそれぞれの館が想定する将来的な博物館活動をよく聞きとった上で，必要な施設設備の仕様やゾーニング，資料動線などについて助言を行っている。また保存環境に関する研修会等を開催し，地域における文化財保存に関わる人材の育成や情報発信も行っている。年2回の博物館等保存担当学芸員研修（基礎コース）や，博物館等や大学で保存科学を専門とする研究者を対象に，保存環境に関わる専門的な講習会も年2回程度開催している。

　文化財のさらなる活用が求められる中で，博物館等の適切な保存環境の構築，維持管理は必須であり，全国の博物館等の保存環境の底上げにつながる活動を目指している。

⑤文化財をめぐるファンドレイジング

　社会とのコミュニケーションを通じて，文化財をもっと身近に感じてもらい，さまざまな社会の担い手とともに文化財を守り伝えることを目

的とし，文化財と人々を結ぶ新たな枠組みとしてのファンドレイジングの活性化を目指している。具体的には，市民参加型のファンドレイジングや企業との共同プロジェクト，文化財機構各施設への寄附や文化財防災救援基金などを集約した「国立文化財機構寄附ポータル」の運営，運営交付金だけでは賄いきれない文化財機構が所蔵する個別の文化財の修理プロジェクトやアプリ開発へのクラウドファンディングを行っている。

現在クラウドファンディングを行う博物館，美術館等が増えている中，柔軟な資金調達だけでなく，一般個人から企業など多くの人々とつながるコミュニケーション自体も目的としている点は重要であると考えられる。

以上のような取り組みは，現在国内の博物館等でもチャレンジされ始めている。新しい文化財の活用方法は，実物展示の代替というだけではなく，新たな「教育，愉しみ，省察と知識共有のための様々な経験を提供する」[14]可能性を持つ。また多くの博物館等での保存環境の構築や文化財修理などを目的とした資金獲得は，現在の日本社会における持続可能な文化財の継承のあり方の1つである。これらの多様な取り組みは新しい文化財や博物館資料の活用ともいえる。

5．まとめ

日本における文化財の保存と活用について，これまで述べてきた通り，現在の日本の社会的意識は従来よりもより文化財の活用に傾向しており，またこの潮流は今後も継続，加速するものと考えられる。

ただ忘れてならないのは，博物館資料の保存と活用は単純な二項対立ではく，保存に過大な悪影響を及ぼすような活用は避けながら，適切な活用により文化財や博物館資料の大切さを多くの人々に伝え，理解を広

---

[14]　https://icom.museum/en/news/icom-approves-a-new-museum-definition/
（2024年2月27日アクセス）

https://icomjapan.org/journal/2023/01/16/p-3188/ （2024年2月27日アクセス）

げることが，次世代への継承に必要であるという点である。今後予想される文化財や博物館資料の活用推進に当たっても，保存とのバランスを常に検証しながら進めていく必要がある。

索引 | **249**

索 引

●配列は五十音順. ＊は人名を示す。

●数字

1.5℃以下　200
2重壁　77
2℃以下　200
3Dスキャナ　109, 110
3Dデータ　109
3Dプリンター　110
3次元計測　109

●アルファベット

AAM　86
AIC　203
AICCM　203, 204
ATP　107, 108
ATP測定法　107
BCP　85
Bizot group　203, 204
CDR　202
ColBase　243
COP　199, 200, 202, 211
COP 1　200
COP 3　200
COP15　200
COP21　200, 201
COP28　202
EV　209
F☆☆☆☆　221
ICCROM（文化財保存修復研究国際センター）　20, 42
ICOM（国際博物館会議）　42, 109, 210, 232, 239, 244
ICOM-CC（国際博物館会議保存国際委員会）　21, 202
IIC（国際文化財保存学会）　21, 42, 202

IPM（総合的有害生物管理）　53, 66～68, 71, 72, 161, 229
LED照明　108
LED照明器具　223, 224
LEED認証　204, 205, 209, 210
Museum Basics　16
Oddyテスト　107
PATテスト　107
Preventive Conservation　20, 21
Preventive Conservation in Museums　21
Preventive Conservation − Practice, Theory and Research　21
SDGs　210, 212
UVモニター　93
VOC　220, 221
X線CT装置　110
X線透過撮影　104, 110

●あ　行

アクセシビリティ　86, 90
アクセス　75
アクセスレベル　85
アクティブサンプリング　106
足半　104
校倉　26
新しい時代の博物館制度の在り方について　13
新しい時代を切り拓く生涯学習の振興方策について　14
圧力検知マット　86
アデノシン三リン酸（ATP）測定法　107
阿武山古墳　104
雨　174
アメリカ　205, 209

綾　143〜145
アルカリ因子　21
合わせガラス　215〜217
安全　172
暗幕　93
アンモニア　49, 50, 93, 94, 236
イギリス　88, 209
石　22
移出　29, 30
移送　171
移送作業　173
一時保管　169, 171〜173
一時保管場所　174
一文字　140, 142, 143, 145〜147
一般カビ　99
伊東忠太[*]　28
イメージングプレート　110
衣類　27
色温度　46
インジケータ　106
員数　27
ウェットクリーニング　161
薄美濃紙　122〜124, 126, 130, 135〜137
宇陀紙　122〜124, 126, 135〜137, 139
打刷毛　148
裏打ち　115, 123〜125, 130, 131
裏打紙の剥離　121
裏彩色　128
上履き　97
エアタイトケース　217
永仁二年　104
永仁の壺　104, 105
「永仁の壺」事件　104, 105
江戸時代　27
エネルギー価格　211
エネルギー効率　88, 90, 201, 202, 204, 206

〜208, 211, 212
エネルギーコスト　199
エネルギー消費　199, 209, 212
エネルギー使用量　199
エネルギー問題　199, 202, 207, 211, 212
絵具層の剥落　121, 125〜127
延喜式　27
演劇　33
演色性　46
応急処置　152, 153, 157, 158, 165, 169, 170,
　　174〜176, 180, 194, 195
オーストラリア　204
大津波　22
岡倉天心[*]　28
オフガス成分　107
重し　179
表打ち　126, 128〜131
オランダ　89
折れ伏せ　126, 131
折れや亀裂　120, 125
音楽　33
温室効果ガス　200, 201
温湿度環境　187
温度　199, 203, 207, 235
温度・湿度　26, 38〜42, 52, 77
温度湿度センサー　105
温度と湿度の管理　77
音波センサー　86
....

●か　行
絵画　28, 114, 115, 122, 126, 128〜130, 133
海外流出　30
外気　26
解体修理　104
化学吸着フィルター　229
科学調査　103〜105, 107, 109〜112

科学博物館　19, 20, 25
化学分析　103, 104
可逆性　117, 118
家具　27
学芸員　12〜18, 171
学芸員資格制度　13
学芸員資格認定の見直しに関するワーキン
　　ググループ　14
学芸員の養成に関するワーキンググループ
　　13
学芸員養成課程　12, 17, 18
学芸員養成の充実方策について（第 2 次報
　　告書）　12, 13
掛け軸装　115, 116, 120, 122, 126, 131, 132
火災　32, 79, 81, 82, 90, 152, 155
火災センサー　82
火災対策　81, 82, 187, 190
可視光　213, 214
加湿器　82
ガス消火設備　82, 83, 188〜190
風　27, 171, 174
化石　20, 25
河川の氾濫　170
可塑剤　107
学校施設　91, 92, 101
可搬型　109, 111, 112
カビ　152, 159
カビ対策　93
ガラス　213〜217, 227, 230
ガラス製品　111
ガラス破壊センサー　86
唐櫃　26
仮許可証　31
川崎市民ミュージアム　84
換気　219〜221
環境因子　77

環境条件　199, 203, 204, 207, 208, 212
環境整備　21
環境保存　101
癌研究所　104
観光資源　238
贋作　104
監視カメラ　86
乾式肌上げ法　129
巻子装　115, 116, 120
慣性衝突法　108
感染症　182
管理責任者制度　34
顔料　21, 103, 104, 115, 121, 123, 127
顔料分析　104
機械警備　86
気候変動　199〜202, 204, 206
季節変動　203, 207
記念物　33, 34
揮発性有機化合物　220
揮発性有機物質　21
気密性　80, 84, 88, 90, 217, 230
旧茎太小学校収蔵庫　92〜95, 101, 102
九州国立博物館　179
救出　169〜171
旧大名家　29
旧月立中学校　95, 96, 99, 101, 102
旧物　27
旧物破壊　31
狭隘化　91
教育原理　14
教育普及活動　15, 18
教室　92, 95, 102
行政　177
経典　27
京都議定書　200
許可制　29

桐製太巻添軸　132
桐製屋郎箱　132
気流　218
裂地　131, 139〜141, 143, 145〜148
「記録作成等の措置を講ずべき無形の民俗
　資料」の選択制度　33
「記録作成等の措置を講ずべき無形文化財」
　の選択制度　33
記録性　118, 119
銀　107
金閣寺　32
緊急保管場所　174
緊急連絡網　85
金属　21
金属製品　111
金碧障壁画　116
金襴　138, 143, 144
空気汚染　38, 47, 52
空気汚染物質　228
空気環境　94
空気交換率　217
空気層　77
空気の対流　94
空中浮遊菌　93, 96, 99
空調　21
空調機　105
茎太小学校　92
九鬼隆一[*]　28
宮内省　28
宮内省図書寮附属博物館　28
熊本地震　170
黒漆塗紐付桐製外箱　132, 133
クロス　220, 221
軍事行動　31
蛍光X線分析　104, 111
蛍光灯　94〜96

警察署　31
継承　176〜179
経年劣化　119〜121
気仙沼市　95
煙探知機　82
建議　32
研究　178
研究・活用　169, 176, 178, 180
現状維持　117
見城敏子[*]　21
現状変更　28, 29
元素　111
建築基準法　152, 184
顕微鏡　104
顕微鏡観察　103
堅牢性　103
公開　179
光学的調査　103
恒久保管　169, 176〜178, 180
工芸技術　33
工芸品　25
光源　109
考古資料　25
洪水　152, 153, 181, 182, 195
洪水リスク　88
合成樹脂　220
楮　123〜125, 131
構造用合板　221
好稠性カビ　99
光電センサー　86
高透過ガラス　213, 214, 230
合板　221
鉱物標本　25
公立博物館　177
古器旧物　28
古器旧物保存方　27

国際照明委員会　44
国宝　29, 31〜33
国宝建造物　31
国宝建造物の応急修理5か年計画　31
国宝・重要文化財の公開に関する取扱要項
　234, 236
国宝保存法　29, 32
国立文化財機構　22, 240, 242, 243, 247
国立文化財機構東京文化財研究所　21
国立民族学博物館　103
古社寺保存法　28〜30
古瀬戸　104
骨格標本　25
骨とう品　31
古美術　28
胡粉　121, 123
古文書　25, 114, 115
これからの博物館の在り方に関する検討協
　力者会議　12, 13, 18
コンクリート　21
昆虫標本　25
金堂　104
金堂火災　104

● さ　行
災害　169
災害大国　22
災害リスク　181
彩色　91
彩色材料　104
再生　169
再生可能エネルギー　88, 201, 204, 206,
　209〜212
作業空間　219, 230
冊子装　115
散逸　170

参議院文教委員会　32
産業革命　200, 201
三千本膠　149
三段表具　140〜144, 146
寺院　27
紫外線　43〜46, 108, 222
自記温湿度計　105
支持具　106, 107, 225
地震　79, 90, 152〜158, 181, 185〜187, 193,
　195
地震対策　79, 185, 186, 225, 226, 231
止水板　84
史跡　33
史跡名勝天然記念物保存協会　28
史跡名勝天然記念物保存法　28, 29, 32
自然災害　79, 85, 151, 152
自然史標本資料　95
持続可能性　88, 90, 202, 204〜206, 209〜
　211
視聴覚教育　14
失火　32
漆棺　104
湿気　27, 175
漆工品　26
実体顕微鏡　109
湿度　26, 199, 203, 204, 207, 218, 235
湿度環境　26
湿度変動　26
実物資料　153, 167
指定制度　29, 33, 34
指定文化財　29
紗　143〜145
社会教育概論　14
社会教育主事講習等規程の一部を改正する
　省令　12
社会教育法　239

社会生活 169
遮光性 93
写真印画紙 107
宗教行政 30
収集活動 91
収蔵環境 74, 77, 95
収蔵空間 91
収蔵庫 91〜93, 101, 102
収蔵庫運営 97
収蔵庫の構造 75, 90
収蔵室 92, 95〜97, 99, 102
収蔵資料 101
収納空間 101
収納箱 106, 107
銃砲刀剣類 31
銃砲等所持禁止令 31
集密棚 86, 87
重要伝統的建造物群保存地区 34
重要美術品 30, 32
重要美術品等調査費補助金 30
重要美術品等認定物件 31
重要美術品等ノ保存ニ関する法律 30, 32
重要文化財 29, 32, 33
重要文化的景観 34
重要無形文化財 33
重要無形民俗文化財 34
重要有形民俗資料 33
重要有形民俗文化財 34
修理 29
修理費補助金 31
出土遺物 92
主務大臣 29, 30
準国宝級 30
省エネルギー 108
生涯学習 12
生涯学習概論 13, 14, 16, 17

消火器 81, 82, 188, 189
城郭建築 29
消火栓 82, 83
上下 140, 146, 147
焼失 32
正倉院宝庫 26
正倉院宝物 26
焼損 104
照度 44〜47, 93, 94, 96, 108, 109, 222, 235, 236
照度計 109, 222
消費電力 108
消防法 152, 184, 187
情報漏洩 182
照明 21, 108, 222〜225
照明学会 44〜46
縄文土器 179
初期消火 81
除去 175
植物園 19, 20
植物学 20
植物素材 22
植物標本 25
除湿器 82
「助成等の措置を講ずべき無形文化財」の選定制度 33
書跡 25, 114, 115, 122
資料の収集 15, 18
人為的被害 23
新型コロナウイルス感染症 211
浸水リスク 84
新糊 124, 148
神仏分離令 27
人命 169
水害 23, 79, 83, 90, 170
水害対策 83

水生動物学　20
水素イオン濃度（pH）　103
水族館　19, 20
水墨画　116, 133
図書頭　28
砂ぼこり　171
スプリンクラー　83, 188〜190
脆弱　171
脆弱性　103
清浄度　94, 105
清掃　27, 94, 101, 229, 231
生物学　20
生物生息調査　93, 95, 100
生物劣化　21
整理・記録　169, 176
赤外線　108, 110, 222, 223
赤外線撮影　110
赤外線センサー　86
積算照度　44, 46
石州紙　125, 137, 138
石炭火力発電　202
関野克*　23
セキュリティ　82
セキュリティレベル　85
接着成分　107
瀬戸焼　104
洗浄　175
洗浄キット　175
戦争　23, 30
選択制度（記録作成等の措置を講ずべき無
　形の民俗文化財）　34
選定制度　33
選定保存技術　33
染料　115
総裏紙　122〜124
総合的有害生物管理　53, 66

総合博物館　19, 20, 25
装潢文化財　115, 116, 118, 119, 122, 125〜
　127, 132, 133
総合立法　32
総司令部最高司令官　30, 31
ソーラーパネル　209
素材　22
組成分析　104
ソックダクト　78
損害　31
損傷　27

●た　行
耐火扉　84
退色　91
耐震性　216
台帳　87
台風19号　84
太陽光発電　206, 209
太陽光パネル　88, 90, 209, 210
竹屋町　145
太政官布告　28
ダニ目　93, 101
単体素材　22
断熱　88, 90
断熱材　96
断熱層　77
地域活性化　238, 245
地域社会　167
地域文化の中核的拠点　12, 15
地球温暖化　200, 201
窒素　83
地方教育行政の組織及び運営に関する法律
　237
地方公共団体　29, 33
地方長官　28, 29

チャタテムシ目　93, 101
中　140, 147
中央教育審議会　14
虫菌害　101
中縁　140, 143〜146
超音波センサー　86
彫刻　25
調査記録　163, 164
調査研究　15, 18
調湿　26, 218, 230
調湿断熱壁　96, 97
調湿パネル　77, 78
調湿ボード　96
調度品　27
治療　23
津波　153, 154, 156〜160, 162, 167, 170, 182,
　196
帝国博物館　28
定性　111
定性分析　103
低反射ガラス　215, 230
定量　111
データベース　87
データロガー　93, 105, 228
適合性　118, 119, 132
テグス　179, 221
デジタルアーカイブ　239, 244
デジタル撮影方式　110
デジタル資源　241, 243, 244
鉄　22
電気火災　82
点検作業　27
展示　15, 16, 18
展示会　178
展示環境　74
展示ケース　213〜215, 217〜221, 223, 224,

226〜230
展示手法　179
展示照明　109
電子線劣化絹　126, 130
典籍　25, 114, 115
転倒　171
伝統的建造物群　34
転倒防止　81
銅　22, 107
透過率　213, 214
陶器　22
東京国立博物館　28
東京国立文化財研究所　21, 23
東京文化財研究所　49
刀剣審査委員　31
刀剣類　31
動植物園　19, 20
盗難　23, 85, 170, 182
動物園　19, 20
動物学　20
動物素材　22
登録記念物　34
登録博物館　18
登録番号　87
登録無形文化財　34
登録無形民俗文化財　34
登録有形文化財　34
登録有形民俗文化財　34
土器　92
特別史跡　33
特別保護建造物　29
特別名勝　33
土佐和紙　135
都道府県公安委員会　31
ドライエリア　92〜94, 96, 97
ドライクリーニング　188

ドライバー 173
トラック 171
取り合わせ 143, 146
塗料 103, 220
緞子 138, 143, 144

....

● な 行

内水氾濫 84
内部構造 104, 109, 110
内壁 92〜94
中裏紙 122〜124
鉛 107
新潟県村上市 92
膠 115, 118, 121, 126, 127, 131
肉眼観察 103, 104, 109, 110
二酸化炭素 83, 209
二酸化炭素除去 202
二酸化炭素排出量 202, 206
二酸化炭素を用いた殺虫処理 95
錦 143〜145
荷台 171
日光 27, 91〜96
熱脱着ガスクロマトグラフィ／質量分析法
　　（TD-GC/MS） 107
熱探知機 82
ネット・ゼロ 88, 202, 209
熱分解ガスクロマトグラフィ／質量分析法
　　（Py-GC/MS） 107
粘着マット 97
覗きケース 219
能登半島地震 170
登石健三* 21

....

● は 行

パーティクルカウンター 93
バイオマス 206

バイオマスボイラー 88
配架 86, 87, 90
廃棄 170
排熱 223, 225
廃仏毀釈 27
剥製 25
博物館概論 13, 14
博物館学 14
博物館環境 77, 92
博物館教育論 13, 16, 17
博物館経営論 13, 14, 16
博物館実習 13, 14, 17
博物館情報・メディア論 13, 17
博物館資料保存論 12〜14, 16, 18, 20, 23,
　　24
博物館資料論 13, 14
博物館相当施設 18
博物館展示論 13, 16, 17
博物館登録制度 13
博物館に関する科目 14, 16〜18
博物館ネットワーク 196, 197
博物館の防犯と環境 20
博物館評価 13
博物館法 13, 18, 37, 232, 239, 244, 245
博物館法施行規則 14
博物館法施行規則の一部を改正する省令
　　12, 14
博物館類似施設 19
曝涼 26, 27, 66
刷毛 175
ハザードマップ 84, 182, 183
柱 140, 147
肌裏紙 122〜126, 128〜130
波長 214, 222
バックヤード 89
パッシブインジケータ法 93, 94

パッシブサンプリング　106
発生ガス分析法（EGA）　107
発熱　223
パリ協定　200, 201, 211
ハロゲンランプ　223
ハロン　83, 190
反射率　215
搬出入　87
阪神・淡路大震災　22
バンダリズム　182
ハンディタイプバイオサンプラー　93
ハンドヘルド型　112
ハンドリフト　87
判別可能性　117, 119, 132
汎用除湿機　100
東日本大震災　22
東日本台風　170
光　38, 39, 43～47, 52
光照射　214
被災　22
被災地　169
飛散防止　216
飛散防止フィルム　81
美術梱包　171, 172
美術博物館　19, 20
美術品，記念物並びに文化的及び宗教的場
　所と施設の保護に関する政策と処置に関
　する覚書　30
非常通報装置　82
非接触　109, 112
避難経路　82
非破壊　112
表具　139～144, 146
表具技術　139
表具師　142
表装裂地　139

屏風装　115, 120, 125
表面観察　104
表面情報　109, 110
病理学　23
微粒子計測器　105, 106
ピン　221
ファンドレイジング　241, 246, 247
フィールドワーク　163, 166
風帯　140
風力発電所　209
フェノロサ，アーネスト*　28
吹き出し口　78
復原　30
複合素材　22
複合文化施設　156, 162, 164
複製品　242, 243
袋表具　140～144
襖障子装　115, 120, 122, 125
付着菌　62～64
復旧　169
仏教絵画　116, 133
復興計画　177
仏像　27
仏表具　140, 141, 143, 144
筆　175
不透湿層　77
布海苔　126, 128, 131
浮遊菌　62, 63
ブラシ　175
ブラジル　210
フランス　88
古糊　124
フロートガラス　213
文化局　32
文化芸術基本法　37, 239, 240
文化財　20, 22, 23, 25, 27, 29～34

文化財 IPM　66〜68, 71, 72, 97, 99, 107
文化財害虫　54〜57, 59, 91, 93, 94, 96〜98, 161, 162, 229
文化財活用センター　240, 241
文化財専門審議会　32
文化財虫菌害研究所　57〜59, 65
文化財的価値　177
文化財防災　22, 23
文化財防災ウィール　195
文化財防災センター　22, 196
文化財保護委員会　32
文化財保護委員会事務局　32
文化財保護行政　30
文化財保護法　20, 25, 27, 29, 32〜34, 37, 233, 234, 236〜238
文化財保護要覧　109
文化財保存課　32
文化財保存活用支援団体　34
文化財保存活用大綱　34, 237
文化財保存活用地域計画　34, 237
文化財保存事業　31
文化財レスキュー事業　155〜159, 161, 163, 169, 170, 176, 196
文化庁　18, 32
文化的景観　34
粉状化剥落　121
粉塵　174
粉体塗装　220
平安時代　27
閉回路監視カメラ　86
瓶子　104
壁画　104
ヘドロ　170
変質　104
変色　104
保安性　75, 90, 227, 231

防災　79, 90, 169, 170, 176, 179, 180
防災マニュアル　184, 192
防犯　85, 90
防犯性　216
防犯センサー　86
宝物調査　28
法隆寺伽藍の大修理　103
法隆寺国宝保存協議会　103
法隆寺金堂　32
法隆寺金堂壁画　32, 104
飽和　91, 101
保管　15, 18
補絹　126, 130〜132
保護　30
ほこり　27, 97
補彩　126, 132
補助金　28
補助制度　29
保全　170
細川紙　135, 138
保存科学　23, 24
保存科学者　92
保存修復　22, 23, 169, 176, 177, 180
保存措置　29
捕虫トラップ　93, 95, 97, 107, 108
ポリビニールアルコール　149
本紙　115, 117, 120〜128, 130〜132, 135〜137, 139, 140, 142, 143, 146〜148

●ま　行

マイクロスコープ　109, 110
マイクロ波センサー　86
埋蔵文化財　33
マグネットセンサー　86
増裏紙　122〜124, 130, 131
マテリアルテスト　107

満州事変　30
三浦定俊[*]　20
三面小学校　92
未指定　30
美栖紙　122〜124, 126, 135〜137
水検知装置　86
宮城県気仙沼市　95
民間武器類の引渡準備命令　31
民俗技術　34
民俗芸能　33
民俗資料　33
民俗文化財　34
無機物　22
無形の民俗資料　33
無形文化財　33
虫干し　27
村上市　92
名勝　33
免震　179
免震装置　225〜227
免震台　179, 185, 186
木材　26
木材の同定　103
目録　27, 30
模写　104
木工品　26
モニタリング　228, 231
文部省　28, 30〜32
文部省社会教育局　32

●や　行
野外博物館　19
大和絵　116, 133
有害ガス　220
有害なガス　106

有機酸　49, 50, 93, 94, 236
有機物　22
有機溶剤　220
有形の民俗資料　33
有形文化財　33
有形民俗文化財　25
釉薬　104
輸出　29, 30
輸送　21
輸送環境　74, 77
ユネスコ　244
養老律令　27
予防　23
予防的保存　20〜23, 36〜38, 51

●ら　行
羅　143, 144
ライフライン　169
落下　79〜81, 171, 173, 175
落下菌法　108
落下防止策　79
リスク　79, 80, 82〜84, 87, 88, 90
リスクマネジメント　184, 191
リスト　28, 173, 176
臨時全国宝物取調局　28
ルクス（lx）　109
歴史資料　25, 114, 115
歴史的建造物　153
歴史博物館　19, 20
劣化要因　38, 39, 51

●わ　行
ワラジムシ目　93
藁草履　104

分担執筆者紹介

(執筆の章順)

間渕　創（まぶち・はじめ）　・執筆章→3・4・15

1976年	静岡県に生まれる
2000年	立教大学理学部化学科卒業
2002年	東京藝術大学大学院美術研究科文化財保存学専攻保存科学修了
2011年	博士（文化財）（東京藝術大学）取得
2011年	三重県立博物館（三重県総合博物館）学芸員
2019年	独立行政法人国立文化財機構文化財活用センター保存担当研究員
現在	同主任研究員
専攻	保存環境学

主な論文，著書

「博物館等におけるATP拭き取り検査によるカビ集落の活性評価について」（共著　『保存科学』60　2021）

「博物館施設におけるゾーニングへのバイオエアロゾル測定の活用」（共著　『保存科学』56　2017）

『文化財をしらべる・まもる・いかす―国立文化財機構　保存・修復の最前線―』（共著　アグネ技術センター　2022）

『展示学事典』（共著　丸善出版　2019）

和田　浩（わだ・ひろし）

・執筆章→5・13・14

1993年	埼玉県立川越高等学校卒業
1997年	大阪府立大学工学部応用化学科卒業
1999年	京都大学大学院人間・環境学研究科文化・地域環境学専攻修士課程修了
2000年	京都大学大学院人間・環境学研究科文化・地域環境学専攻博士後期課程退学
2000年	東京国立博物館研究員
2019年	筑波大学大学院人間総合科学研究科世界文化遺産学専攻（博士後期課程）修了。博士（学術）
現在	東京国立博物館学芸研究部保存科学課長
専攻	保存科学

主な論文（共著を含む）

「入場者数の展示室内環境への影響の検証を目的とした特別展覧会における室内滞留者数傾向の解析」（『国立民族学博物館研究報告』47（4）　2023）

「屏風の振動応答特性を検証するための基礎的研究」（『日本包装学会誌』31（3）　2022）

「新型コロナウイルス感染症対策の視点から試みた歴史的建造物内文化財修理室における換気対策と修理作業環境維持に関する事例報告」（『文化財保存修復学会誌』65　2022）

「走行中の美術品輸送専用車両荷台上で生じた衝撃加速度値と荷台上の位置との関係についての考察」（『文化財科学』第82号　2021）

岡　岩太郎 (おか・いわたろう) [本名：泰央 (やすお)]

・執筆章→8・9

1971年	京都市に生まれる
1994年	関西学院大学文学部美学科（日本美術史）卒業
1996年	関西学院大学文学研究科修士課程（日本美術史）修了（文学修士）
	米国スミソニアン研究機構フリーア美術館入所（リサーチアシスタント）
1998年	株式会社岡墨光堂入社
2009年	株式会社岡墨光堂代表取締役就任，現在に至る
2014年	岡岩太郎（四代目）を襲名
2016年	京都工芸繊維大学大学院工芸科学研究科先端ファイブロ科学専攻博士後期課程修了（学術博士）

専攻　保存修復学

主な論文（共著を含む）

「増裏打ち作業における古糊と打刷毛の接着効果について」（『保存科学』54　2015）

「増裏打ち作業における工程分析と眼球運動解析」（『文化財保存修復学会誌』59　2016）

「重要文化財「蜀葵遊猫図・萱草遊狗図」修理報告」（『大和文華』第134号　2019）

「修理報告　国宝絹本著色宮女図（伝桓野王図）」（『学叢』第43号　2021）

「表具のレトリック─取り合わせで一体化する主役と脇役」（『美術フォーラム21』第44号　特集「ヴィジュアル・レトリック再考」　2021）

「国宝源氏物語絵巻の修理について」（『金鯱叢書』第49輯　2022）

「修理報告　重要文化財　紙本墨画遠浦帰帆図　伝牧谿筆」（『学叢』第45号　2023）

小谷　竜介 (こだに・りゅうすけ)　・執筆章→10・12

1970年	山口県に生まれる
1994年	埼玉大学教養学部卒業
1997年	埼玉大学大学院文化科学研究科修了，修士（文化科学）
1999年	東北歴史博物館学芸員，宮城県教育庁文化財保護課技術主査，東北歴史博物館副主任研究員，同主任研究員を経て
現在	独立行政法人国立文化財機構文化財防災センター文化財防災統括リーダー
専攻	民俗学
主な著書	『工芸継承―東北発，日本インダストリアルデザインの原点と現在』（共編著　国立民族学博物館　2018） 『モダンデザインが結ぶ暮らしの夢』（共編著　Opa Press　2019） 『継承される地域文化　災害復興から社会創発へ』（共著　臨川書店　2021） 『入門　大災害時代の文化財防災』（共編著　同成社　2023）

編著者紹介

日髙　真吾（ひだか・しんご）　　・執筆章→ 1・2・6・7・11

1971年	宮崎県に生まれる
1994年	東海大学文学部卒業
	財団法人元興寺文化財研究所研究員を経て
2001年	国立民族学博物館助手
2006年	博士（文学）取得
2008年	国立民族学博物館准教授
現在	国立民族学博物館・総合研究大学院大学教授
専攻	保存科学
主な著書	「博物館資料の保存と修復」（鶴見英成編『博物館概論』放送大学教育振興会　2023）
	「文化財の保存と活用」（鶴見英成編『博物館概論』放送大学教育振興会　2023）
	『復興を支える地域の文化―3.11から10年』（編著　国立民族学博物館　2021）
	『継承される地域文化―災害復興から社会創発へ』（編著　臨川書店　2021）
	『災害と文化財―ある文化財科学者の視点から』（千里文化財団　2015）
	『記憶をつなぐ―津波災害と文化遺産』（編著　千里文化財団　2012）
	『博物館への挑戦―何がどこまでできたのか―』（共編著　三好企画　2008）
	『女乗物―その発生経緯と装飾性』（東海大学出版会　2006）

放送大学教材　1559435-1-2511（テレビ）

改訂新版　博物館資料保存論

発　行　　2025年3月20日　第1刷
編著者　　日髙真吾
発行所　　一般財団法人　放送大学教育振興会
　　　　　〒105-0001　東京都港区虎ノ門1-14-1　郵政福祉琴平ビル
　　　　　電話　03（3502）2750

市販用は放送大学教材と同じ内容です。定価はカバーに表示してあります。
落丁本・乱丁本はお取り替えいたします。

Printed in Japan　ISBN978-4-595-32506-9　　C1330